놀이하는 그리스도인들의
기독 공동체 놀이

모든 인간은 하나님의 형상을 닮은 존엄한 존재입니다. 전 세계의 모든 사람들은 인종, 민족, 피부색, 문화, 언어에 관계없이 존귀합니다. 예영커뮤니케이션은 이러한 정신에 근거해 모든 인간이 존귀한 삶을 사는 데 필요한 지식과 문화를 예수 그리스도의 사랑으로 보급함으로써 우리가 속한 사회에 기여하고자 합니다.

놀이하는 그리스도인들의
기독공동체 놀이

지은이 · 전국재
초판 1쇄 찍은날 · 2005년 6월 18일
초판 1쇄 펴낸날 · 2005년 6월 25일
펴낸이 · 김승태
편집 · 김은주, 김세라
표지디자인 · 김혜진
등록번호 · 제2-1349호(1992.3.31)
펴낸곳 · 예영커뮤니케이션
    110-616 서울 광화문 우체국 사서함 1661
    (출판유통사업부) T. (02)766-7912 F. (02)766-8934 E-mail:jeyoungsales@chollian.net
    (출판사업부) T. (02)766-8931 F. (02)766-8934 E-mail:jeyoungedit@chollian.net
    홈페이지 www.jeyoung.com

copyright© 2005, 전국재
ISBN 89-8350-267-3　13230

값 12,000원

■ 잘못 만들어진 책은 교환해 드립니다.

작은 모임, 큰 나눔 시리즈 2

놀이하는 그리스도인들의
기독 공동체 놀이

청소년과 놀이문화연구소
전국재 지음 / 그림

예영커뮤니케이션

머리말

〈작은 모임, 큰 나눔 시리즈〉의 첫 번째 책으로 『놀이와 공동체』를 펴낸 지도 벌써 4년이 되었습니다. 이 나라의 미래를 밝히는 바른 교육을 위한 실천적 대안을 제시하리라는 결연한 의지를 품고 시작한 〈작은 모임, 큰 나눔 시리즈〉에 애정 어린 관심을 가져 주신 동역자님들께 깊이 감사드립니다. 아울러 이제야 두 번째 책을 내놓게 되어 송구스럽기 이를 데 없습니다.

오늘날 우리 교회는 인간 소외와 상실 현상이 날로 심각해지고 있는 것 같아 걱정입니다. 제도교육에서만이 아니라 교회조차 교육이라는 명목으로 청소년들을 도구화하고 대상으로 삼는 실수를 범하고 있습니다. 그런데도 교회가 기존의 그릇된 낡은 교육 관행을 그대로 답습하고 있으니 답답하기만 합니다.

내가 지난 20여 년 동안 교육목회자로서 교육현장에서 활동하면서 작은 모임(소집단)을 고집해 온 이유는 다음과 같습니다. 첫째, 학습자(청소년)가 중심이 되어서 타인과의 바람직한 관계 안에서 이루어지는 인간존중의 교육이 되기 위해서는 작은 모임이 필수불가결한 조건이기 때문입니다. 청소년(학습자) 중심의 자기 주도적인 학습이 이루어질 때만이 바른 교육을 기대할 수 있습니다. 이러한 점에서 지도력도 당연히 달라져야 합니다. 즉 바른 교육자(목회자 또는 주일학교 교사)는 교육을 주도하기보다는 청소년들이 스스로 학습하고 성장할 수 있도록 도와주고 촉진하고 조력하고 후원하는 동반자이어야 합니다.

둘째, 어느 때나 어느 곳에서 누구에게나 적용 가능한 보편적 대안을 마련하는 데에는 작은 모임이 효과적이고 훨씬 안전하기 때문입니다. 대형 교회나 대규모 집단에서 보편타당한 효과적 대안을 기대하기 힘듭니다. 더구나 대규모 집단에서는 개인의 인격과 개성이 무시당하기 쉽고 주도적인 역할을 기대하기 어렵게 됩니다. 이에 반해 작은 모임에서는 집단원 개개인에게 사적이고 친밀한 관심을 기울일 수 있게 되고 각자의 주도적인 역할과 참여를 바탕으로 타인과 친밀한 인간관계를 기대할 수 있습니다. 작은 모임은 큰 모임과는 달리 개개인의 형편과 욕구에 즉각적으로 예민하게 반응하고 도와주어야 하므로 훨씬 본질적이고 안전할 뿐만 아니라 전문성을 요구한다고 하겠습니다.

이러한 점에서 나는 작은 모임(소집단) 교육현장을 보편적이고 실천적인 대안 마련을 위한 실험실(laboratory)로 사용하여 왔습니다. 여기에서 나는 교육이론과 실제를 통합하는 노력과 함께, 학습자 중심의 체험학습(experiential learning)과 협동학습(cooperative learning)을 촉진하는 지도력을 개발하는 노력을 기울여 왔습니다.

이런 과정을 거쳐서 검증, 보완된 이론, 실천적 대안, 지도력을 사역터인 '청소년과 놀이문화연구소'를 통하여 지도자 교육 및 양성 프로그램과 문서 출판이라는 두 개의 통로로 타 기관 및 지도자들과 공유하는 전략을 지속해 온 것입니다. 이번에 펴내는 「기독공동체놀이」역시 나눔을 통한 공유과정의 일환으로 나오게 된 것입니다. 참고로 이 책은 1996년에 펴낸 '교회절기놀이' (윤컴 출판)를 개정 증보한 것임을 알려드립니다.

이 책이 전국 각처의 작은 모임과 작은 교회에서 청소년을 일깨우고, 힘을 실어주고, 상호 아름다운 만남과 사귐, 나눔, 섬김, 돌봄이 이루어지는데 도움이 되어 이 땅에 하나님 나라가 조금이나마 앞당겨질 수 있게 되기를 기도합니다.

강직하고 올곧게 출판 사역의 길을 가고 계신 예영커뮤니케이션의 김승태 사장님, 김은주님, 그리고 예영 가족분들께 깊이 감사드립니다. 부족한 저를 한결같이 사랑해 주시고 지도해 주시는 두레교회 김진홍 목사님, 그리고 늘 기도로 후원해 주시는 민경찬 형제님과 예수원 가족분들께 감사와 존경의 마음을 전해 드립니다.

'사랑하는 아내, 딸 나오미와 아들 상수리 너희들이 잘 자라주어서 참 고맙다.'

새우재골 어룡마을 서재에서
전 국 재

차 례

머리말 · · · · · · · · · · · · · · · · · 4

놀이하는 그리스도인

놀이하는 그리스도인 · · · · · · · · · · · · · · · · 13
놀이에 대한 열 가지 입장 · · · · · · · · · · · · · · 17

기독 공동체 놀이

여는 놀이 · · · · · · · · · · · · · · · 22
별난 만남/ 합창 대소동/ 선물 교환/ 이름 삼행시/ 만나는 기쁨/ 이름표/ 실타래 / 멋진 성품을 선물하기 / 공이 오가며 나누는 인사/ 당신의 첫인상/ 내 이름에 한 가지 더/ 성서인물 총동원 파티 /아름답고 신비한 몸/ 그리스도의 몸을 이루어요/ 주님의 사랑으로/ 돌고돌아 콩 열알/ 단짝 찾기 / 느낌 나누기/ 당신을 알고 싶어요 / 이름에 담긴 뜻/ 누구일까요?/ 아! 시원해 / 윙크로 이야기를 나누어요/ 누구인가요?/ 만나는 기쁨/ 숨은 그림 찾기/ 넌 내꺼야/ 노아의 방주 / 우리는 친구/ 종이 한 장 사이/ 거품 코/ 코 흘릴 적 친구/ 내가 누구입니까?/ 웃기는 사람들 / 오리가 난다/ 가라사대/ 색종이 수집/ 이름 훔쳐보기/ 몸으로 얘기해요/ 무엇이 달라졌나? / 사람을 찾습니다/ 재잘재잘/ 이런 사람을 찾습니다/ 우째 좀 난처하네요!/ 이름 찾기/ 별칭 지어주기 / 세 사람이 오순도순

짝짓기 놀이 · · · · · · · · · · · · · · · 66
성경구절 맞추기/ 내 짝은 어디에?/ 풍선 안 보물/ 벙어리 짝 찾기/ 어둠 속 짝짓기/ 짝을 찾아라/
풍선 속의 짝 찾기

모둠 만들기 놀이 · · · · · · · · · · · · · 76
꿩 먹고 알 먹고/ 탑 쌓기로 짝짓기/ 다리 더듬기/ 끼리끼리/ 온 몸으로 인사해요
암호문을 찾아라 난장판/ 조각난 사진 맞추기

실내 놀이 · · · · · · · · · · · · · · · · 85
이웃을 사랑하십니까?/ 당신의 첫인상/ 뺑뺑이 성경퀴즈/ 일등 요리사/ 유언비어
하나님을 기억하세요/ 공은 누구에게로?/ 아리송/ 숨어있는 동전/ 쪼로록/ 사치기사치기사뽀뽀
아리송/ 도대체 무슨 말을 하는 거예요?/ 형님 먼저, 아우 먼저/ 빈 의자/ 앗 뜨거, 앗 차거
암흑 속의 살인자/ 지진/ 빗자루 전쟁/ 문장 만들기/ 사과와 이쑤시개/ 예?아니요/ 무슨 맛이지?
팝콘 팝콘/ 쥐약/ 그림 전달하기/ 섞어찌개/ 산수공부/ 집 잃은 천사/ 자리 차지하기/ 물건사냥
일장연설/ 과자 낚는 어부/ 백짓장도 맞들면 낫지요/ 빨대로 과자 나르기/ 신데렐라
전신갑주로 무장하기/ 어·조·목/ 구명보트/ 상점 차리기/ 과일장수/ 아이고! 바빠/ 이름 맞히기
눈싸움/ 마주쳐 봐요/ 진기명기/ 입 대신에 빨래집게/ 누구인가요?/ 이야기 잇기/ 장바구니
내 발바닥 곰발바닥/ 발가락을 찾아라/ 단추 풀고 꿰기/ 박수와 인사/ 줄줄이 사건
요단강 건너가 만나리/스티커 붙이기(어서 붙여줄 수 있습니다. 누가 가장 많은 스티커를 얼굴에 붙이고 있는지 알아봅시다.)

야외 놀이 · · · · · · · · · · · · · · · · 128
동물 왕국/ 메뚜기 몰아내기/ 삼각형 축구/ 팔짱을 끼면 안전하죠/ 물건 수집/ 골목대장/ 보디가드
협동 술래/ 가로지르기/ 알까기/ 만지기/ 족구/ 럭비공 발야구/ 움직이는 농구대/ 돌아 돌아

차 례

여우꼬리/ 길어지는 꼬리/ 포위망을 뚫어라/ 아수라장/ 큰길과 오솔길/ 다람쥐/ 까치와 까마귀
황새 치기/ 빨래들의 대행진/ 지네 경주/ 물 깃는 처녀/ 빙글빙글/ 보물 캐기/ 장님인도/ 깡통 차기
과자나무열매 따먹기/ 움마! 무서워/ 문장 만들기/ 네 발로 달려요/ 탁구공 저금통/ 풍선 쏠기
모든 것은 풍선 안에 있지요/ 웬 망신/ 물고문/ 원 피구/ 병 세우기/ 꼬리치기/ 고깔 쓰러뜨리기
빗자루 축구/ 네 모둠 피구/ 풍선 밟기/ 풍선농구/ 물풍선과 양동이/ 아메바/ 꼬리치기/ 엉거주춤
도미노/ 아리송/ 식수 소동/ 물총/ 물총과 풍선/ 물세례/ 발바닥 위에 놓인 세숫대야
사냥개와 산토끼 경주/ 물동이 맞히기/ 장님 사냥꾼

절기 놀이 · · · · · · · · · · · · · · · · · 170

(1) 설날에 즐기는 놀이 · · · · · · · · · · · · · 170
묵은 해여 안녕!/ 촛불 끄기/ 촛불 봉송/ 새해맞이 인사/ 불씨 건네기/ 오렌지 볼링
새해에는 열심히 뜁시다/ 내 선물은 어디에?

(2) 부활절 놀이 · · · · · · · · · · · · · · · 175
부활절 달걀 찾기/ 달걀 굴리기/ 달걀 나르기/ 숟가락 위에 달걀/ 내 엉덩이는 복덩이/ 부활의 의미

(3) 추수 감사절 놀이 · · · · · · · · · · · · · 179
칠면조 사냥/ 추수 빙고/ 감사하는 마음/ 미친 닭 쏙아내기/ 칠면조 퍼레이드/ 감사하는 마음

(4) 크리스마스 놀이 · · · · · · · · · · · · · 188
노래하는 크리스마스카드/ 인간 크리스마스트리/ 크리스마스 모자/ 산타할아버지 선물 주머니
캐럴 축제/ 크리스마스카드 퍼즐/ 인형 때리기/ 탄일 종/ 양파 벗기기/산타할아버지 보고싶어요

산타할아버지 그리기/ 양말 주머니/ 받고 싶은 선물/ 캐럴 송/ 캐럴 퍼즐/ 황금종을 찾아라
움직이는 케이크/ 꼭꼭 숨어라

(5) 벌 대신 받는 놀이 · · · · · · · · · · · · · · · · · · 200
이마 위의 과자/ 풍선 면도/ 가랑이 사이로 잡기/ 바나나 빨리 까먹기/ 몽둥이찜질
베개싸움 천하장사/ 인간 마네킹/ 물 먹이기/ 콜라병 따기/ 솜뭉치 옮기기/ 조심조심
왕께 문안드립니다/ 여왕 알현/ 얼굴에 붙은 종이 떼기/ 달걀 삼키기/ 우주여행

참고문헌 · · · · · · · · · · · · · · · · · 209

놀이하는 그리스도인

1. 놀이하는 그리스도인

사람들은 목사인 내가 놀이에 남다른 관심을 가진 것이 신기한가 봅니다. 그래서 사람들은 나에게 "그리스도인들은 어떤 놀이를 해야 하나요?"라든가, "기독 놀이는 어떤 것입니까?" 따위의 질문을 자주 합니다. 그러면 나는 그들에게 **"그리스도인답게 즐기는 놀이가 기독 놀이랍니다"**라고 대답하지요. 나는 이 짧은 글을 통해 놀이라는 색다른 시각에서 성경을 새롭게 이해해 보고자 합니다.

인간을 호모루덴스(Homo Ludens) 즉 '놀이하는 인간' 이라고 규정한 네덜란드의 문화사학자 호이징가(J. Huizinga: 1872~1942)는 기독교 문화 운동에도 큰 영향을 미친 사람입니다. 그는 놀이를 "일정한 시공간의 한계 속에서 자유롭게 동의한 그러나 완전히 구속력 있는 규칙에 따라 행해지며, 그 자체가 목적이 되며, 긴장과 즐거움의 감정, 아울러 일상생활과 다르다는 의식을 동반하는 자발적인 행위나 활동"(Huizinga, 1993)이라고 정의하였습니다.

그는 놀이가 허구적인(fictive) 것이며 평상시의 세계와 무관하게 허구의 생활에서 이루어진다고 설명하면서 그 자체가 목적이 되는 비생산적인 활동이라고 정의 내린 후 현실에서 벗어난 허구세계에서 그만이 가진 규칙에 따라 이루어지는 자유, 자율, 창조적인 행동이라고 보았습니다.

다음은 내가 학자들의 놀이 이론을 두루 살펴보고 나서 이해한 놀이의 속성을 정리한 내용입니다.

첫째, 모든 놀이는 내적 동기에서 비롯되는 전적으로 자발적인 행위입니다. 자유라는 본질에 의해서만이 놀이가 존재합니다. 놀이는 놀이하는 사람에게 즐거움을 선사해 줍니다. 참여를 강요당하는 순간 놀이는 의미를 상실합니다. 놀이에 열중하는 사람은 자발적이며 완전히 자신의 의지에 따라 놀이를 즐깁니다. 또한 그는 언제라도 놀이를 그만둘 수 있는 자유가 있습니다.

둘째, 놀이는 결코 가벼운 것이 아니라 진지한 행위입니다. 플라톤은 놀이를 성스러운 행위라고 보고 정신의 최고의 자리에 올려놓기까지 하였습니다. 놀이는 놀이하는 사람에게 재미와 즐거움을 선사해 줍니다. 즐거움은 사람들에게 웃음을 짓게 하여 줍니다. 놀이가 주는 웃음은 폭소만이 아닙니다. 자유, 행복, 진리의 깨우침, 진솔한 만남을 통해 짓는 웃음은 진지합니다. 웃음은 결코 외부로부터 강요되어질 수 없으며 인간 내면의 자유의지에 따라 사는 자유인만이 누릴 수 있는 특권입니다.

셋째, 놀이는 일상적인 혹은 실제의 생활이 아닌 허구의 세계에서 이루어지는데도 놀이하는 사람은 이에 몰두하고 헌신하여 진지하게 참여하게 되면서 황홀경에 이르게 합니다. 그럼에도 허구의 세계에서 가진 경험은 놀이를 마친 후에도 현실 생활에서 고스란히 작용합니다.

넷째, 놀이에는 그 놀이를 지배하는 절대적인 규칙과 질서가 있습니다. 놀이는 질서를 창조하며 질서 그 자체입니다. 놀이는 불완전한 세계와 혼돈된 삶 속으로 일시적이고 제한된 완벽성을 가져다 줍니다. 놀이는 최고의 절대적인 질서를 요구합니다. 거기서 조금이라도 어긋나게 되면 놀이를 망치게 됩니다.

다섯째, 놀이는 장소와 지속성에 의해 일상적인 삶과 구분됩니다. 그것은 장소의 격리성과 시간의 한계성 때문입니다. 놀이는 시간적으로 한계성을 지니면서 확고한 문화 형식을 띠게 됩니다. 일단 마치고 나면 거기서 새로 만들어진 정신적 창조물과 정신이 그대로 흡수됩니다.

여섯째, 놀이는 놀이가 끝난 뒤에도 지속하려는 성향이 있습니다. 특수 상황 속에 함께 있다는 감정, 무엇인가 중요한 것을 공유한다는 감정, 일상 세계의 규범을 함께 배격한다는 감정은 개개의 놀이가 계속된 시간을 넘어서까지 그 놀이의 힘으로 지속됩니다.

자! 이제 그리스도인에게 놀이가 어떤 의미가 있는지 간단하게나마 알아봅시다. 하나님께서는 처음 세상 만물들을 창조하실 때 이를 보고 좋아하셨습니다. 여섯째 날 흙으로 당신의 형상을 꼭 빼닮은 인간을 만드시고 나서는 너무나 좋아하셨지요(창1.31). 나는 이 대목을 읽을 때마다 흡사 진흙을 가지고 노는 어린아이와 같이 활짝 웃고 계시는 하나님을 봅니다.

예수원의 대천덕 신부는 하나님께서 인간을 만드신 것은 우리와 사귐(요일1.3)을 가지고 싶었기 때문이라고 하였습니다. 하나님께서 우리를 창조하신 뜻은 우리와 사귀고 사랑하고 사랑받고 싶기 때문이었습니다. 신앙이 돈독한 그리스도인들은 하나님께서 인간을 만드신 목적이 '하나님께 영광을 돌리기 위한 데 있다'고 말합니다. 맞는 말입니다만 진정한 사귐 안에서, 사귐을 통해서만이 자발적이고 진실된 마음으로 섬길 수 있는 것입니다.

하나님께서는 **사귐**을 목적으로 우리를 만드셨으며 **안식**을 누리도록 축복하셨습니다. 엿새 동안 일을 모두 마치고 나서 완성의 날인 일곱째 날에 친히 안식하셨습니다. 안식일은 하나님께서 인간에게 지키도록 명령하신 것이 아니라 인간에게 주신 특권이요 창조의 목적인 것이 분명합니다. 하나님께서는 친히 만드신 인간들이 에덴동산(놀이터)에서 자유롭게 놀이하는 모습을 보면서 기뻐하셨을 것입니다. 그리고 그들에게 복을 주시며 축복하셨습니다(창1.26). 이를 보건대 하나님은 우리를 자유의지를 가진 놀이하는 인간으로 만드신 것이 확실합니다.

그런데 인간은 하나님과의 약속을 어기고 선악을 알게 하는 나무의 열매를 따 먹었습니다. 하나님과의 약속(규칙)을 지키지 않음으로써 인간이 놀이판을 깨어버린 것입니다. 즉 놀이가 가진 자유와 즐거움을 상실하게 된 것이지요. 인간이 타락하기 전에 있었던 노동은 원래 형벌이 아니라 축복이요 즐거움이었습니다. 인간이 타락함으로써 놀이였던 노동이 생계를 위한 힘든 고역이 되어 버렸으며(창3.17, 19) 그 의미와 즐거움도 상실하게 된 것입니다(Tournier. 1994).

예수께서 이 땅에 오신 이유는 하나님과 단절되었던 관계를 사귐과 안식으로 회복시켜 주시기 위해서입니다. 달리 말하면 하나님께서는 우리를 절제하는 자유의지를 가진 참 자유자, 놀이하는 인간으로 회복시켜 주신 것입니다. 이를 위해 예수께서는 우리를 대신해 십자가에서 죄값을 대신 치루신 것입니다. "수고하고 무거운 짐 진 자들아 다 내게로 오라 내가 너희를 **쉬게** 하리라"(마11:28) "아버지여, 아버지께서 내 안에, 내가 아버지 안에 있는 것 같이 그들도 다 **하나가 되어(사귐)** 우리 안에 있게 하사 세상으로 아버지께서 나를 보내신 것을 믿게 하옵소서"(요17:21)

이제 우리는 예수의 재림을 손꼽아 기다릴 때입니다. 나는 구원을 얻고도 한동안 뜻한대로 성숙해 가지 않는 내 모습을 보면서 조급해 했습니다. 하지만 나는 데살로니가전서 5장 23,24절에서 자유함을 얻게 되었습니다.

"**평강**의 하나님이 친히 너희로 온전히 거룩하게 하시고 또 너희 온 영과 혼과 몸이 우리 주 예수 그리스도 강림하실 때에 흠 없게 보전되기를 원하노라 **너희를 부르시는 이는 미쁘시니 그가 또한 이루시리라**"(살전 5: 23,24)

성화를 이루는 것도 내가 아니요 하나님의 주권 아래 당신이 이루어 주신다는 사실을 깨닫는 순간 나는 미래의 내 모습에 대해서도 자유로워질 수 있게 되었습니다. 이제 나는 내 노력으로 나를 성화할 것이 아니라 하나님께서 나를 온전히 거룩하게 하시고 그런 모습으로 예수 앞에 나를 세워 주실 것을 소망하게 된 것입니다. 이후부터 나는 놀이하는 인간으로 남은 날들을 소망하며 살아갈 것입니다.

이 글을 읽는 독자 중에 기독교의 본질을 놀이로 모독한다고 언짢아하는 사람이 있을지도 모릅니다. 앞서 언급한 바와 같이 놀이는 결코 가벼운 것이 아니라 진지하고 성스럽기까지 합니다. 놀이는 책임의식과 절제 능력이 있는 자유로운 사람만이 제대로 즐길 수 있습니다. 나는 현실 세계가 아닌 허구의 놀이 세계에서 무아지경이 되어 놀이 규칙에 따라 다른 사람들과 어울려 노는 어린이들의 모습에서 하나님 나라를 봅니다.

거기에는 아름다움, 자유, 절제, 책임, 사귐, 안식, 쉼이 어울려 존재합니다. 허구 세계에서 놀이로 가진 경험이 그들이 생활하는 현실의 삶 속에 고스란이 내재되어 영향력을 미치는 것을 보면서 놀이가 가진 교육과 문화의 힘을 봅니다. 그리고 놀이만이 생계의 수단이 되어버린 노동의 의미와 재미를 회복시킬 수 있는 길임을 진지하게 생각해 보게 됩니다.

  이제 우리는 개인적으로나 교회적으로 경건이라는 이름으로부터 스스로를 옥죄이는 잘못에서 벗어나야 하겠습니다. 어거스틴은 자신이 회심했던 순간을 '쾌락으로부터의 결별'이라고 표현하였다지요. 놀이와 쾌락을 혼란 속에서 지내왔던 서구의 그릇된 전통으로부터 벗어나 절제된 자유인으로 평강의 하나님께서 주시는 기쁨을 맘껏 누리며 사는 놀이하는 그리스도인들이 되기를 기대합니다.

놀이에 대한 열 가지 입장

이 책에 소개하는 놀이들은 다음과 같은 열 가지 신념에 기초하고 있습니다.

첫째, 놀이는 자발적으로 참여하는 사람만이 즐길 수 있습니다.

놀이를 자발적으로 즐기는 사람들만이 놀이 안에서 자유, 행복, 기쁨, 즐거움, 이웃과의 감격스런 만남을 경험하게 됩니다. 따라서 진정한 놀이지도자는 무엇을 지도하고 가르치는 것이 아니라 사람들이 스스로 즐길 수 있도록 동기 부여를 하고 놀이 거리와 놀이터를 제공해 주는 도움자요 촉진자여야 합니다. 놀이터에서 참가자는 단순히 청중이나 관람자가 되기를 바라지 않습니다. 놀이터야말로 놀이하는 사람이 주인공이 되는 자리입니다.

둘째, 놀이는 사람들과의 참만남, 사귐, 나눔, 섬김, 그리고 돌봄을 선사합니다.

놀이터가 서로를 비교하고, 비교 당하는 인간상실의 현장이 되어서는 안 됩니다. 모든 사람이 각자 하나 뿐인 소중한 존재임을 인식하고, 서로를 비교하기보다 다른 점을 즐기고 나눌 수 있는 흐뭇한 놀이터가 되어야 하겠습니다.

셋째, 놀이규칙은 반드시 지켜지고 존중해야 합니다.

규칙이 없고, 있어도 지켜지지 않는 놀이터에서는 아무런 유익을 기대할 수 없습니다. 규칙은 놀이를 구속하는 것이 아니라 참된 즐거움을 가질 수 있도록 도와주며, 절제하는 마음을 길러 줍니다. 놀이에서 규칙은 제약이 아니라 사람들과의 진솔한 만남과 사귐을 위한 전제 조건이고 약속입니다.

넷째, 놀이는 놀이 자체가 목적이 되어야지 의도적이거나 조작적이어서는 안 됩니다.

놀이에서 가지는 즐거움은 그 자체가 훌륭한 목적입니다. 특히 어린 시절 맘껏 뛰놀면서 자유, 기쁨, 만남, 나눔을 맛보고, 웃음지어 본 경험이 있는 어린이들은 참된 행복을 향해 나아갈 줄 알고 이웃과 더불어 사귀어 사는 기쁨을 아는 넉넉한 사람으로 자라나게 됩니다. 아무런 전제된 의도나 조작됨이 없이 놀이가 놀이로서 이루어질 때 놀이는 비로소 놀라운 교육적, 상담적, 치유적 능력을 발휘합니다.

다섯째, 놀이는 내적동기를 촉진하기 위해 경쟁이 아닌 협동이 이루어져야 합니다.

놀이에서 경쟁이 없으면 무슨 놀이가 되겠냐고 의아해하는 사람들이 많습니다. 물론 놀이에 경쟁적 요소가 있지요. 하지만 경쟁을 조장하다 보면 놀이의 의미는 사라지게 되고, 이기고 지는 허상만 남게 됩니다. 경쟁은 인간관계를 맺는데 심각한 손상을 줍니다. 경쟁을 하더라도 등수를 지나치게 의식하지 않고 단지 이기고 지는 것을 알려 주는 정도로 마친다면 놀이하는 사람들은 경쟁보다는 놀이 그 자체와 다른 사람과의 관계에 관심을 기울이게 됩니다. 재미있는 사실은 규칙을 존중하고 공유하는 놀이터에서는 치열한 경쟁이 이루어지더라도 놀이터에서도 만남과 사귐, 그리고 나눔이 가능하다는 점입니다.

여섯째, 놀이에서 보상은 독약과 같습니다.

놀이에서 외적인 보상은 이보다 훨씬 중요한 내적동기를 망각하게 만들 뿐만 아니라 놀이의 본질을 왜곡시킵니다. 보상은 타인과의 비교가 아닌 참가자 개개인의 재능, 특성, 장점에 기초한 도전을 지지하고 촉진하는 방향으로 조심스럽게 적용해야 하겠습니다. 놀이에서 보상은 독약이 될 때가 많습니다.

일곱째, 놀이는 결과보다 과정이 더 중요합니다.

일에는 반드시 목적이 있으며, 그것을 통해 얻어지는 성과를 기대하고 수반합니다. 또한 일은 외부로부터 강요되기도 하고 과정에서 고통을 동반하기도 합니다. 이에 반해 놀이는 목적과 결과가 있는 경우도 있지만 놀이는 어떤 목적을 위한 것이 아닌 놀이가 이루어지는 과정이 더 중요합니다.

여덟째, 놀이는 누구나 쉽게 즐기고 지도할 수 있어야 합니다.

놀이는 무슨 특별한 재주가 있는 재주꾼만의 전유물이 아니며, 또한 그래서도 안 됩니다. 놀이는 모든 사람들이 즐길 수 있을 뿐만이 아니라 누구나 놀이지도자가 될 수 있어야 합니다. 왜냐하면 즐거움은 다른 사람들로부터 강요받을 수 없기 때문입니다.

아홉째, 지도자는 참가자들과 함께하는 동반자로 있으면서 이들의 도움자이고 촉진자가 되어야 합니다.

지도자는 놀이터에서 참여자요 동반자로서 참가자들과 함께 하면서 이들이 능동적으로 참여하여 스스로 즐길 수 있도록 도와주고 이를 촉진하는 사람입니다. 어떠한 경우에도 지도자는 모임의 중심에 있거나 군림하는 사람이 되어서는 안 됩니다. "한 지도자는 국민들이 그가 있는지조차 모를 때 가장 훌륭한 지도자이다. 국민들이 순종하고 그를 환호할 때는 그리 훌륭한 지도자가 아니다. 국민들이 그를 경멸한다면 가장 나쁜 지도자이다. 그러나 훌륭한 지도자는 그가 말도 거의 없이 할 일을 다 하고 목적을 완수했어도, 오히려 국민들은 모두 우리가 스스로 이 업적을 성취했다고 말할 것이다."(도덕경 19장)라고 한 노자의 말을 교훈 삼아야겠습니다.

열째, 놀이는 어린이뿐만 아니라 성인 모두가 즐길 수 있습니다.

놀이는 어린이들만이 즐길 수 있는 것이 아닙니다. 따라서 놀이의 종류와 성격에 따라 그 연령층에 어울리는 놀이들은 있을 수 있다고 하더라도 성인이 즐길 수 없는 놀이는 존재하지 않습니다. 어른이 어린이가 될 수는 있어도 어린이가 어른이 될 수 없다는 단순한 진리를 되새겨 보아야 하겠습니다. 이러한 점에서 이 책에 소개한 놀이들은 놀이별로 연령층을 구분하지 않았습니다. 누구를 위한 어떤 놀이를 선택할 것인가는 놀이터를 준비하는 지도자의 몫으로 남겨놓겠습니다.

사람이 있는, 그래서 사람과 사람이 만나서, 서로를 느끼고 소중히 여기며, 함께 어울려 사귐과 나눔을 이루는 가운데 나를 알아가고 다른 사람들과 더불어 사는 지혜를 키워 나가는 그런 즐거운 자리야말로 우리들이 그리워하고 만들고 싶은 놀이터입니다.

기독 공동체 놀이

여는놀이
짝짓기 놀이
실내놀이
야외 놀이
절기 놀이

2. 여는 놀이

대부분의 사람들은 생소한 자리에서 낯선 사람들을 만나면 어색하고 불편해 합니다. 특히 다른 사람들에게 먼저 다가가서 인사 나누는데 익숙하지 않은 우리나라 사람들에게 있어서 이러한 현상은 더욱 두드러지게 나타납니다.

집단참가자들이 가지는 기본적인 욕구는 안전감과 소속감입니다. 이러한 욕구들이 **충족될** 때 그들은 집단에 대한 기대를 가지게 됩니다. 나아가 참가자들은 다른 사람들로부터 인정받고 사랑받기를 기대하고 또한 그렇게 되기 위하여 실제로 노력하게 됩니다.

여는 놀이는 바로 모임 초기에 처음 만난 사람들이 서로 쉽게 만나서 사귈 수 있도록 하는 놀이입니다. 그래서 이러한 놀이를 영어로 Ice breaking game 또는 Mixer game이라고 합니다. 말 그대로 냉랭한 분위기를 얼음 녹이듯이 하여준다는 뜻이고, 후자는 사람들을 마구 뒤섞어 놓음으로써 상호 쉽게 사귈 수 있도록 하여주는 놀이라는 뜻이지요. 참고로 집단상담에서는 이를 분위기를 띄워주는 활동이라고 하여 Warm up program이라고도 합니다.

모임 초기가 순조롭게 진행되면 그 후로 집단은 자체적으로 바람직한 방향으로 나아가게 됩니다만 반대로 초기에 문제가 생긴 집단은 계속 어려움을 겪게 됩니다. 이러한 점에서 여는 놀이의 역할은 단순히 효과적으로 여는 것을 넘어서 집단의 성패를 좌우할 만큼 중요합니다. 여기에 참가자들이 즐거운 만남과 사귐을 가지면서 효과적으로 집단을 여는 놀이들을 소개합니다. 이 책(시리즈 2권)에서는 '놀이와 공동체'(작은 모임, 큰 나눔 시리즈 1권)에 이미 소개된 여는 놀이들을 편이상 몇 가지 중복하여 담고 있습니다. 참고로 모든 놀이들은 각기 고유번호를 가지고 있으며 시리즈 1권에 소개된 놀이들은 (1.-)으로 표기되어 있음을 밝혀둡니다.

별난 만남(1.7)
- **인원** : 15명 이상
- **준비물** : 지시문이 적힌 쪽지(인원수만큼)

- **소요시간** : 10~15분
- **모둠의 형태** : 전체 모둠
- **물리적 환경** : 참가자들이 자유롭게 돌아다니면서 즐길 수 있는 방

　참가자 전원에게 각각 다른 내용이 적힌 전달문을 한 장씩 나누어 주십시오. 시작이 되면 사람들은 이곳저곳을 돌아다니면서 만나는 사람과 서로 인사를 나눈 다음 가위바위보를 합니다. 이긴 사람은 진 사람에게 자기가 가지고 있는 쪽지의 내용을 읽어주고 그 자리에서 진 사람이 하도록 합니다. 예를 들면 내용은 이러한 것들입니다. "'당신은 지금까지 내가 만나본 사람들 중에 가장 아름답습니다' 라는 말을 큰 목소리로 세 번 외치십시오", "나를 등에 업고 그 자리에서 열 번 도세요", "내 오른손 등에 당신의 예쁜 입술로 뽀뽀하십시오", "내 콧잔등에 빨간 루즈로 루돌프 사슴코를 그려주십시오" 따위의 재미있는 내용들입니다. 가위바위보를 해서 진 사람은 꼼짝없이 이긴 사람의 명령에 따라야 하며, 마친 후에는 서로 지시문을 바꾸어 가지고 헤어져서 다른 사람들을 찾아가 같은 방법으로 계속 하십시오.

합창 대소동(1.9)
- **인원** : 20~40명
- **준비물** : 인원 수 만큼의 이름표, 종이와 연필들

- **소요시간** : 10분
- **모둠의 형태** : 전체 모둠
- **물리적 환경** : 참가자들이 자유롭게 돌아다니면서 즐길 수 있는 방

참가자들이 모임장소에 들어오는 대로 이름표를 달아주면서 각각 다른 찬송가(또는 복음성가)의 제목을 귓속말로 알려 주십시오. 지도자는 이들에게 노래제목을 혼자만 알고 있어야 한다고 알려 주십시오. 지도자는 참가자들의 이름과 찬송가를 참가자 명단에 일일이 적어 놓도록 하세요.

지도자는 참가자 전원에게 종이와 연필을 나누어 준 다음 시작이 되면 각자 자리에서 일어나 돌아다니면서 목청껏 찬송을 부릅니다. 그러면서 참가자들은 마주치는 사람과 일일이 인사를 나누고 그의 이름과 노래제목을 종이에 적도록 합니다. 5분가량 지난 후에 지도자는 노래를 중지시키고 사람들이 제자리에 돌아가 앉도록 합니다. 그리고 누가 가장 많은 사람과 노래제목을 알아맞혔는지 알아봅니다. "눈물 젖은 두만강", "목포의 눈물", "소양강 처녀"와 같은 가요 등을 적당히 섞어 놓도록 하십시오.

선물 교환(2.1)

- **인원** : 10~20명
- **준비물** : 참가자들은 모임에 참가할 때 각자 선물을 지참합니다.
- **소요시간** : 20~30분
- **모둠의 형태** : 전체 모둠
- **물리적 환경** : 참가자들이 자유롭게 돌아다니면서 즐길 수 있는 방

뜻밖에 받은 선물일수록 그 기쁨은 더욱 크지요. 모임 전에 참가자들에게 일정 금액을 넘지 않는 물건 중에서 성경말씀을 상징하는 선물을 준비하도록 하십시오. 참가자들은 모임장소에 들어오면서 입구에 놓인 선물함에다가 가지고온 선물을 집어 넣으십시오. 적당한 시간을 정하여 선물교환 시간을 가지는데 이때 교환방식은 시간과 분위기에 따라 지도자가 결정합니다.

선물을 받은 사람은 그 자리에서 포장을 뜯어보고 그 선물을 준비한 사람은 그것이 어떤 의미가 있는지에 대해 성경구절을 가지고 설명해 주십시오. 사람들마다 기발한 선물들로 분위기가 훈훈해

질 것입니다. 예를 들어 양념통(소금, 마태 5:13), 촛대(빛, 마태 5:14~17), 명태(5병2어, 요한 6:1~13), 화장지(배설, 마가 7:15~23) 등이 있습니다.

이름 삼행시(2.2)
- **인원** : 10~40명
- **준비물** : 종이와 연필(인원수만큼)
- **소요시간** : 15~20분
- **모둠의 형태** : 8~10명으로 구성된 여러 모둠
- **물리적 환경** : 여러 모둠이 서로 방해가 되지 않을 정도로 떨어져서 즐길 수 있는 방

모임에 참가한 사람들에게 종이와 연필을 한 개씩 나누어 주십시오. 그리고 각자 자신의 이름을 세로로 큼지막하게 쓰도록 합니다. 그런 다음 지도자는 자신의 이름을 가지고 삼행시를 짓는데 내용은 자신을 상징적으로 잘 표현하는 내용을 담도록 합니다. 3~4분 정도 시간을 주고 적도록 한 다음, 돌아가면서 발표하는 시간을 갖는다. 간단하면서도 서로를 알 수 있고 친숙해질 수 있어 아늑한 시간을 가지게 될 것입니다.

만나는 기쁨(1.49)
- **인원** : 10~15명
- **준비물** : 번호가 적힌 명찰, 인원 수 만큼의 지시문
- **소요시간** : 10~20분
- **모둠의 형태** : 전체 집단
- **물리적 환경** : 참가자들이 자유롭게 돌아다니면서 즐길 수 있는 방

지도자는 참가자들이 모임 장소에 도착하는 대로 번호표를 가슴에 달아 주십시오. 모임이 시작되면 지도자는 참가자들에게 지시문을 넣어둔 봉투를 한 장씩 나누어 준 다음 봉투를 개봉해 보도록 하십시오. 지시문에는 다음과 같은 내용(예)들이 있습니다.

1번은 13번과 15번을 찾아가서 함께 '비 내리는 호남선'(어린이인 경우에는 '학교종이 땡땡땡')을 크게 부르십시오.

2번은 6번과 10번을 찾아가서 자기를 소개하고 그 사람들의 손등에 입맞춤을 하십시오.

3번은 7번에게 찾아가서 생일이 언제인지를 알아본 다음, 1번에게 가서는 그 사람과 현재 연애중인 사람(또는 남편이나 아내, 짝사랑중인 사람 등)에 대해 알아 오십시오.

4번은 9번과 3번을 찾아가서 직업과 취미에 대해서 알아 오십시오.

5번은 11번, 16번, 7번과 함께 만나서 인간열차를 만들고 방을 뛰어다니면서 '기차길옆 오막살이' 노래를 크게 부르십시오.

6번은 2번, 8번을 찾아가서 등에 업고 '우리 아기 잘도 잔다!'를 열 번 외치면서 돌아다니십시오.

7번은 1번과 9번을 찾아가서 "여호와는 나의 목자시니 내가 부족함이 없으리로다 그가 나를 푸른 초장에 누이시며 쉴만한 물가로 인도하시는 도다 내 영혼을 소생시키시고 자기 이름을 위하여 의의 길로 인도하시는 도다 내가 사망의 음침한 골짜기로 다닐 지라도 해를 두려워하지 않을 것은 주께서 나와 함께 하심이라 주의 지팡이와 막대기가 나를 안위하시나이다"(시편 23편 1-4절)를 운치 있게 낭독하십시오.

이런 방식으로 참가자 전원에게 각기 다른 주문이 적혀 있는 지시문을 주고 해당하는 사람을 찾아서 하도록 하는데 마구 뒤엉켜 있기 때문에 그리 간단하지가 않습니다. 따라서 사람들은 찾고 있던 사람이 다른 일을 하고 있으면 일단 마칠 때까지 기다렸다가 해야겠지요.

이름표(2.3)

- **인원** : 10~40명
- **준비물** : A4 크기의 마분지 (인원수만큼), 크레파스, 사인펜, 테이프 또는 노끈
- **소요시간** : 15분
- **모둠의 형태** : 전체 모둠
- **물리적 환경** : 참가자들이 자유롭게 돌아다니면서 인사를 나눌 수 있는 방

```
태백시 삼수령        만화 그리기
몽골 광야            목공예

          전 국 재

행복한, 엉뚱한        좋은 남편, 아빠
둥글둥글한            사도 바울
```

　참가자들에게 A4용지 반 정도 크기의 카드를 나누어 주고 각자 다른 사람들이 쉽게 볼 수 있도록 종이 중앙에 자기 이름을 크게 적도록 합니다. 지도자는 참가자들에게 카드 상단 왼쪽 구석에 지금까지 가 본 곳 중에서 가장 인상 깊은 곳과 여행을 가 보고 싶은 곳을 적도록 하십시오. 상단 오른쪽 구석에는 자신의 취미와 장기를 한 가지씩 적도록 합니다. 하단 왼쪽 구석에는 자신을 잘 설명하는 형용사를 세 가지 적도록 합니다. 마지막으로 하단 오른쪽 구석에 올해(가까운 미래)에 하고 싶은 꿈과 가장 닮고 싶은 성서인물을 한 가지씩 적으십시오.

　참가자들이 모두 기록을 마치면 윗도리 가슴 부분에 이름표를 옷핀으로 매달거나 실을 매달아 목에 걸도록 하십시오. 그런 다음 방을 돌아다니다가 마주치는 사람과 서로 카드를 보여 주면서 이야기를 나누어 보십시오. 정해진 시간에 가능한 한 많은 사람들과 대화를 나누도록 하는데 한 사람에 1~2분 정도가 적당합니다.

　이 활동을 비언어적 의사소통으로 할 수도 있습니다. 즉 만나는 사람과 말을 주고받는 대신 악수, 목례, 윙크, 어깨 두드리기 등으로 인사를 하고 상호 상대방 가슴에 달린 카드를 조용히 읽도록 하세요. 상투적인 인사가 되지 않고 보다 적극적인 참여를 촉진하기 위해 지도자가 2분 정도 시간을 주고 알려줌으로써 파트너를 바꾸도록 할 수 있습니다.

　이 활동이 끝나고 나서도 모임을 마칠 때까지 카드를 달고 있으면 참가자들이 서로를 알아가는 데 도움이 됩니다.

실타래 돌리기(2.4)

- **인원** : 8~30명
- **준비물** : 실타래(모둠 수만큼)
- **소요시간** : 20~25분
- **모둠의 형태** : 8~10명으로 구성된 여러 모둠
- **물리적 환경** : 여러 모둠이 서로 방해가 되지 않을 정도로 떨어져서 즐길 수 있는 크기의 방

　8~10명씩 모둠을 만들어서 모둠별로 둥글게 둘러앉습니다. 시작이 되면 모둠원 중에서 한 사람이 자기를 소개하는데 우선 이름, 직업, 모임에 참가하게 된 동기, 특기 또는 장기, 이 모임을 통해서 기대하는 것 등을 2분 이내로 소개합니다. 자기소개를 마치면 그 사람은 들고 있는 실타래 끝을 잡은 상태에서 다른 사람에게 실타래를 던져 줍니다. 그러면 두 사람은 실로 연결되겠지요. 이렇게 실타래를 받은 사람은 다시 같은 방법으로 자기소개를 하는데, 이런 방식으로 계속하다 보면 모든 사람들이 한 줄로 연결될 것입니다.

멋진 성품을 선물하기(2.5)

- **인원** : 6~40명
- **준비물** : 색종이(1인당 4가지 색깔), 이름표(인원 수만큼), 사인펜, 크레파스(모둠 수만큼)
- **소요시간** : 20~30분

■ 모둠의 형태 : 1~8명으로 구성된 여러 모둠
■ 물리적 환경 : 여러 모둠이 서로 방해가 되지 않을 정도로 떨어져서 즐길 수 있는 크기의 방

1~6명씩 모둠으로 나누고 참가자들에게 네 가지 색깔(빨강, 파랑, 노랑, 초록)의 색종이를 각각 한 장씩 나누어 주십시오. 그런 다음 각자 자기가 좋아하는 색깔부터 순서대로 놓도록 합니다. 그 중에서 가장 싫어하는 색깔, 그러니까 네 번째로 제일 밑에 놓아둔 색깔은 별도로 꺼내어서 자신의 엉덩이 밑에 깔고 앉도록 합니다.

지도자는 참가자들에게 3분 정도 시간을 주고 "나는 이런 점(모습)이 참 자랑스럽다"고 생각하는 자신의 좋은 점, 멋진 점, 자랑스러운 점을 세 가지씩 생각해 보도록 합니다. 그 중에서도 가장 좋아하는 성품이나 장점은 자기가 제일 좋아하는(제일 윗면에 있는) 색종이에 기록하는데 다섯 자 이내로 큼지막하게 적도록 합니다. 예를 들면 '여유만만', '배려하는 맘', '이해심 많음' 등과 같이 말입니다. 이때 크레파스를 사용하여 글씨와 함께 예쁜 그림을 그리면 더욱 좋겠지요.

모둠원들이 세 장의 색종이에 자신의 긍정적인 면 세 가지를 모두 기록하면, 지도자는 "여러분! 수고하셨습니다. 우리가 이처럼 자신을 늘 사랑스럽게 바라볼 수만 있다면 우리는 얼마나 행복하겠습니까? 하지만 사람은 누구나 단점이 있고, 남에게 밝힐 수 없는 부끄러운 점, 싫어하면서도 떨쳐 버리지 못하는 나쁜 버릇을 한두 가지 씩 가지고 있는 것이 사실이지요. 이제 여러분은 그런 부정적인 단면을 한 가지 생각해 보고 그 내용을 엉덩이 밑에 깔아놓은 색종이(가장 싫어하는 색깔)에 같은 방법으로 기록하시기 바랍니다. 이때 다른 사람에게 보여 주거나 남의 쪽지를 보지 않도록 하십시오. 이렇게 다 적은 다음에는 다시 엉덩이 밑에 깔고 앉아 주십시오"라고 말합니다.

이렇게 하여 참가자들이 모두 마치면 모둠별로 자기의 긍정적이고 자랑스러운 면들을 자기가 적은 색종이를 보여주면서 소개하는 시간을 갖습니다. 서로 상대방의 긍정적인 면들에 대해 나누는 동안 여러 가지 느낀 점들이 있을 것입니다. 그래서 이번에는 자기가 이미 가지고 있는 긍정적인 면들을 다른 모둠원에게 서로 선물하는 시간을 가져 봅시다. 예를 들면 우인이가 정민에게 "너는 '해맑은 웃음'을 가지고 있다고 하였는데 거기에다가 나는 정민에게 나의 장점인 '포근한 마음'을 선물하고 싶어요"라고 하면서 자기 쪽지를 선사합니다. 이런 방식으로 서로 쪽지들을 주고받는 오붓한 시간을 가져 봅시다.

이렇게 모든 사람들이 소개를 마치면 지도자는 참가자들에게 양해를 구하고 자신의 부정적인 면을 적은(엉덩이 밑에 깔고 앉은) 색종이를 그 내용이 보이지 않도록 거둬들이십시오. 지도자는 이렇

게 거두어들인 부정적인 내용을 적은 쪽지들을 모든 사람들이 쉽게 볼 수 있는 지점에 붙여 놓겠다고 알려주십시오.

물론 그 쪽지가 누구의 것인지 밝히지 않을 것입니다. 이렇게 하여 모든 사람들의 동의 아래 모임 기간 중 내내 이 쪽지들을 눈에 잘 띄는 곳에 모아서 붙여 놓도록 하십시오. 사람들은 오가면서 그 쪽지들을 읽을 것입니다. 그러면서 그들은 자기가 고민하는 것이나 자기가 가진 약점이 자기만의 것이 아니라는 사실을 깨닫는 계기가 될 것입니다.

공이 오가며 나누는 인사(2.6)

- **인원** : 6~40명
- **준비물** : 색깔이 다른 공 3개
- **소요시간** : 15~20분
- **모둠의 형태** : 6~10명으로 구성된 여러 모둠
- **물리적 환경** : 여러 모둠이 서로 방해가 되지 않을 정도로 떨어져서 즐길 수 있는 크기의 방

지도자는 참가자들이 원대형으로 둘러앉도록 한 다음 세 사람에게 각기 다른 색깔의 공을 전해 줍니다. 빨간 공을 가진 사람이 어느 한 사람에게 공을 던져 주면 그 공을 받은 사람은 자신의 이름을 크게 외치도록 합니다. 파란 공을 받은 사람은 자신의 취미 또는 특기 중에서 한 가지를 큰 목소리로 알려 줍니다. 노란 공을 받은 사람은 자신에게 공을 던져준 사람에 대한 좋은 인상을 형용사로 표현하여 큰 목소리로 외치도록 하십시오. 예를 들면 "편안한", "발랄한" 하고 말한 다음, 다시 들고 있는 공을 다른 사람에게 던져 주도록 하십시오.

공들이 오고가다 보면 동시에 공을 두 개 받은 사람이 나오게 되는데 그 사람은 색깔에 해당되는 두 가지를 모두 이어서 "허재승, 농구"하는 식으로 대답하면 됩니다. 이와 같은 방식으로 계속하면서 다른 사람들을 알아가고 사귈 수 있도록 하십시오. 이 놀이는 세 가지 공들이 계속 날아다니게 되므로 매우 분주하면서도 흥겹답니다.

놀이에 대한 생각 〈하나〉

1984년 여름 서울YMCA에서 간사로 근무하기 시작하면서 나는 주일에는 결단코 일하지 않겠다고 스스로에게 단단히 마음먹었습니다. 주일성수하고 주일학교를 잘 섬겨야 YMCA 일도 제대로 할 수 있다고 믿었기 때문이었습니다.

그런데 시간이 지나면서 일하는 것이 즐겁고 생기가 넘쳐야 하는데 오히려 부담스러워지고 무력감이 갈수록 내 어깨를 짓누르는 느낌을 받게 되었습니다. 하지만 왜 그런지 이유를 도무지 알 수가 없었습니다. 그러던 어느 날 나는 그 원인을 깨달을 수 있게 되었습니다. 그것은 주중에는 YMCA에서 일하다가 토요일 오후부터 일요일은 교회에서 일하다 보니 근 두 해 동안 하루도 쉬어 본 적이 없었던 것입니다.

혹자는 이런 말을 하는 나를 덜된 사람이라고 손가락질할 지도 모릅니다. 하지만 그때 내가 절실히 깨닫게 된 것은 육체적인 피로는 영적인 영역에도 직접적인 영향을 미친다는 사실이었습니다. 그래서 나는 주일날 예배 드리고 봉사하는 것만큼 육체적인 쉼(안식)도 중요하다는 사실을 이해하게 되었습니다.

은혜로운 예배가 육신적인 피로도 말끔히 씻어 줄 것이라고 생각하는 것은 잘못입니다. 영적인 안식이 필요한 만큼 신체의 안식도 그만큼 중요합니다. 근 2년 동안 쉬지 않고 줄곧 일만 해왔던 것이 나를 어색하게 만들고 무력감에 젖어 들게 만들었던 것입니다.

당신의 첫인상(2.7)

- **인원** : 6~40명
- **준비물** : 활동용지와 4절지(인원수만큼), 크레파스, 스카치테이프
- **소요시간** : 20~30분
- **모둠의 형태** : 전체 모둠으로 하다가 6~10명의 여러 모둠으로 나누어서 진행합니다.
- **물리적 환경** : 여러 모둠이 서로 방해가 되지 않을 정도로 떨어져서 즐길 수 있는 크기의 방

모둠원(인원 수는 제한 없음)들에게 활동용지를 나누어주고 자신의 장점과 단점을 5가지씩 적어

보도록 합니다. 그리고 모든 참가자들에게 다시 크레파스와 4절지 종이 한 장씩을 나누어 주십시오. 참가자는 그 종이를 등에 붙이십시오. 참가자들은 각자 돌아다니면서 만나는 사람과 인사를 나눈 다음 그 사람의 등에 붙어 있는 종이에 그 사람에게서 받은 자신의 느낌과 인상을 한 단어씩 교대로 적도록 합니다. 이때 장난스럽게 하거나 다른 사람의 약점을 들추어내는 일이 없도록 하십시오. 이렇게 5~10분 정도 시간이 지나면 등에 붙어 있는 종이를 떼어서 6~10명씩 모둠으로 나누어 자기 종이에 적힌 단어들을 읽어 보고 이에 관해 이야기를 나누어 봅시다.

나의장점	나의 단점
1	
2	
3	
4	
5	

내 이름에 한 가지 더(2.8)

- **인원** : 6~40명
- **준비물** : 없음
- **소요시간** : 15~20분
- **모둠의 형태** : 6~10명으로 구성된 여러 모둠
- **물리적 환경** : 여러 모둠이 서로 방해가 되지 않을 정도로 떨어져서 즐길 수 있는 크기의 방

모임이 시작되면 사람들은 돌아다니면서 다른 사람들이 자신의 이름을 쉽게 외울 수 있도록 자신을 소개하도록 합니다. 예를 들어 "제 이름은 김사라인데 사람들은 사라다를 좋아하냐고 묻지요." "제 이름은 우동석인데 우동을 매우 좋아합니다."라는 식으로 자신을 소개하십시오. 이때 자기소개를 간단명료하게 하고 모든 사람들과 만나 인사를 나누도록 하십시오.

성서인물 총동원 파티(1.3)

- **인원** : 10~30명
- **준비물** : 인원 수만큼의 쪽지, 스카치테이프
- **소요시간** : 15~20분
- **모둠의 형태** : 전체 모둠
- **물리적 환경** : 참가자들이 자유롭게 돌아다니면서 즐길 수 있는 방

지도자는 모임을 시작하기 전에 성서 인물들을 적은 쪽지(10×5cm정도)를 참가 인원 수보다 조금 많이 준비해 두십시오. 모임이 시작되면 모든 사람들의 등에 이름표(쪽지)를 테이프로 붙이는데 이때 등에 붙어 있는 이름이 자신의 이름입니다.

그런데 불행하게도 기억상실증에 걸려서 자기 이름이 무엇인지를 잃어버린 것입니다. 그래서 사람들은 남들에게 물어물어 자신의 이름을 되찾는 것입니다. 사람들은 누구나 등에 붙어 있는 쪽지의 이름을 떼어 본다거나 거울을 이용해서 볼 수 없고 다만 다른 사람들에게 물어서 알아내야 합니다. 질문의 내용은 전혀 제한이 없으나 대답하는 사람은 "예", "아니요" 외에는 다른 말을 일체 할 수 없습니다. 모든 사람들이 제정신으로 돌아와서 전원이 자기 이름을 찾게 될 때까지 계속하십시오. 지도자는 모든 사람들이 가급적 많은 사람들을 찾아가서 물어보도록 당부하십시오.

놀이에 대한 생각 〈둘〉

그리스도인들 중에는 놀이를 즐기기보다 오히려 부담스러워하는 사람들이 적지 않습니다. 놀이를 불경건한 행위로 오해하고 있기 때문이지요. 이러한 경직된 사고는 놀이에 대한 그릇된 이해와 전통에서 비롯된 것입니다. 그 대표적인 예가 어거스틴입니다. 그는 자신이 회심했던 순간을 "쾌락으로부터의 결별"이라고 고백했던 것인데 그의 이러한 사고가 서구 기독교 문화를 지배해 왔던 것이 사실입니다.

하나님께서 우리 인간들을 만드신 이유는 우리와 사귀고 교제를 나누기 위해서였습니다. 예수께서 이 땅에 오셔서 우리 대신 십자가의 죽음을 당하신 것도 죄로 인해 깨어진 관계를 회복하고, 잃어버린 자유를 회복시키시고, 영원한 쉼과 안식을 주시려는데 있었습니다. 우리는 쾌락과 그리스도 안에서 즐기는 안식을 동일시해서는 안 됩니다. 하나님께서는 우리들이 구원받은 기쁨을 누리며 삶을 즐기기를 원하고 계십니다.

아름답고 신비한 몸(1.42)

- **인원** : 10~30명
- **준비물** : 도화지, 색연필, 주사위(각각 모둠 수만큼)
- **소요시간** : 20분
- **모둠의 형태** : 6~10명으로 구성된 여러 소집단
- **물리적 환경** : 참가자들이 자유롭게 돌아다니면서 즐길 수 있는 방

이 놀이는 고린도전서 12장을 몸소 느껴볼 수 있는 놀이입니다. 6~8명씩 여러 모둠을 만들고 지도자는 신체의 각 부분을 번호로 표기한 알림표를 벽에 걸어 두십시오. 예를 들면 1 - 머리, 2 - 목, 3 - 가슴, 4 - 배, 5 - 한쪽 팔, 6 - 한쪽 다리를 종이에 기록하여 벽에 붙입니다. 그런 다음 각 모둠에게 도화지, 색연필, 그리고 주사위를 한 개씩 나누어 주십시오.

시작이 되면 각 모둠에서 한 사람씩 달려가서 주사위를 주워서 던지고 나온 번호에 따라 종이에 그림을 그립니다. 예를 들면 주사위를 굴려서 4번이 나오면 배만 그리고 제 자리로 돌아오면 됩니

다. 그런데 다음 번 사람이 다시 4번이 나왔으면 그 사람은 새 번호가 나올 때까지 다시 계속하는 것입니다. 이렇게 하여 가장 먼저 사람 모양을 완성한 모둠을 가리는 것입니다.

보다 흥미를 돋우기 위해서 그림을 마친 후에는 그린 그림들 가운데 가장 아름다운 사람, 우스꽝스런 사람, 가장 못생긴 사람 등이 누구인지를 참가자들에 의해 뽑도록 하는 것도 재미있습니다.

그리스도의 몸을 이루어요(1.43)

- **인원** : 10~40명
- **준비물** : 신체의 일부분이 그려진 쪽지(인원 수만큼)
- **소요시간** : 10~15분
- **모둠의 형태** : 전체 집단
- **물리적 환경** : 참가자들이 자유롭게 돌아다니면서 즐길 수 있는 방

그리스도의 몸 또는 그리스도와의 연합의 의미를 몸으로 느낄 수 있는 여는 놀이인 동시에 자연스럽게 모둠을 나눌 수 있는 놀이입니다. 사람들이 모임 장소에 도착하는 대로 즉시 신체의 일부분(머리, 팔, 다리, 발, 가슴, 눈, 손 등)이 적힌 쪽지를 한 장씩 나누어 주십시오. 사람들이 모두 도착하여 한자리에 모이면 지도자는 지체들이 이리저리 흩어져 있으므로 신속하게 지체들이 모여 한 몸을 이루게 합니다. 온 지체들이 빠짐없이 모여 한 몸을 이룬 모둠들은 동그란 원을 만들어 그 자리에 앉도록 합니다. 한 몸을 이루는 신체의 부분들은 모둠의 크기를 감안하여 결정합니다.

이 놀이는 단순히 신체의 부분들이 모여 한 몸을 이루기보다 지도자가 사전에 쪽지를 그릴 때 쪽지를 엇대어서 그림을 그림으로써, 쪽지들을 직접 맞추어 보아서 자기 모둠 사람들을 정확히 찾도록 하면 참가자들 사이에 더욱 활발한 의사소통을 기대할 수 있습니다.

주님의 사랑으로(1.15)

- **인원** : 10~30명
- **준비물** : 여러 가지 지시문들을 적어 놓은 쪽지(1인당 5장씩)
- **소요시간** : 15~20분

- **모둠의 형태** : 전체 모둠
- **물리적 환경** : 참가자들이 자유롭게 돌아다니면서 즐길 수 있는 방

　참가자 전원에게 미리 인쇄해 둔 쪽지를 5장씩 나누어 주십시오. 시작이 되면 사람들은 이곳저곳을 돌아다니면서 만나는 사람과 악수를 하고 인사를 나눈 다음 '묵찌빠'를 합니다. 진 사람은 이긴 사람이 자기가 가진 쪽지 중에서 한 장을 뽑아 가도록 하십시오.

　쪽지에는 '오른쪽 뺨에 뽀뽀를 하십시오', '그 자리에서 쪼그려 뛰기를 15번 하십시오', '애국가(또는 누구나 알고있는 복음성가 중에서 선택)를 크게 부르십시오', '배고파 밥줘!를 10번 크게 외치십시오', '너희는 먼저 그의 나라와 그 의를 구하라 그리하면 이 모든 것을 더하시리라(마태6:33)를 다섯 번 크게 읽으십시오' 등의 내용이 적혀 있습니다.

　쪽지를 받은 사람(묵찌빠를 해서 이긴 사람)은 쪽지를 준 사람 앞에서 쪽지에 적힌 지시 사항대로 해야 합니다. 진 사람(쪽지를 건네준 사람)은 이긴 사람이 쪽지의 내용을 마칠 때까지 그 자리를 떠나지 않고 있다가 마치면 다른 사람을 찾아가서 다시 묵찌빠를 하십시오.

　이 놀이는 참가자들 중에서 쪽지를 가장 먼저 없앤 사람이 나올 때까지 계속됩니다. 다른 사람으로부터 받은 쪽지는 버리지 말고 가지고 있도록 하고 묵찌빠에서 졌을 때 받은 쪽지는 다른 사람이 다시 가져갈 수 있습니다.

　이 놀이에서는 다른 놀이와 달리 지는 것이 쪽지를 빨리 없앨 수 있기 때문에 좋습니다. 놀이를 하기 전에 쪽지를 미리 준비해 두어야 하는데 쪽지의 내용은 다양하고 기발하면서도 엉뚱한 것들일수록 좋으나 쪽지 내용이 모두 다를 필요는 없습니다. 즉 인원 수와 관계없이 25가지 정도면 충분합니다.

돌고돌아 콩 열알(I.48)

- **인원** : 10~30명
- **준비물** : 콩(1인당 10개씩)
- **소요시간** : 15~20분
- **모둠의 형태** : 전체 모둠
- **물리적 환경** : 참가자들이 자유롭게 돌아다니면서 즐길 수 있는 방

참가한 사람들 모두에게 콩 열 개씩을 나누어 주고 가능한 한 남자와 여자 두 모둠으로 나누십시오. 남자들은 바깥쪽 원에 서고 여자들은 안쪽 원에 마주보고 섭니다. 지도자의 인도(기타 또는 피아노)로 함께 노래를 부르면 남자는 시계방향으로, 여자는 시계 반대방향으로 걸어갑니다. 그러다가 지도자가 "그만"하고 외치면 서로 마주친 사람들과 인사를 나누고 1~2분 동안 이야기를 나누도록 합니다. 대화의 내용은 모임의 성격과 목적, 참가자들의 성격을 잘 고려하여 지도자가 미리 정해 놓고, 노래는 정지될 때마다 지도자가 새로 지정해 주십시오.

질문들은 다음과 같은 것들이 있습니다. "언제 그리스도인이 되었는지요?", "지난 크리스마스 이브에는 무엇을 하였습니까?", "최근에 가장 기억에 남는 성경구절이 있습니까?" 등과 같이 심각한 내용도 괜찮습니다.

왜냐하면 함정이 있기 때문입니다. 그 함정이란 바로 이야기 중에 "나", "내가(제가)", "나의", "나를"과 같은 1인칭이나 "너는", "네가", "너의", "너를", "당신은" 따위의 2인칭 언급을 하게 되면 그 사람은 상대방으로부터 콩 한 개를 선물 받게 됩니다. 이렇게 하여 들고 있는 콩을 모두 없앤 사람이 나올 때까지 계속해 봅시다.

단짝 찾기 (1.6)

- **인원** : 10~30명
- **준비물** : 놀이용지와 연필(인원 수만큼)
- **소요시간** : 15~20분
- **모둠의 형태** : 전체 모둠
- **물리적 환경** : 참가자들이 자유롭게 돌아다니면서 즐길 수 있는 방

참가자들에게 아래의 놀이용지를 한 장씩 나누어주고 시작하기 전에 미리 보지 않도록 하십시오. 시작이 되면 우선 본인란에 질문 내용에 대한 답을 기록하도록 합니다. 그런 다음 항목별로 자기와 같은 사람을 찾아다니면서 단짝란에 단짝의 이름을 기록하도록 합니다. 단짝란을 가장 먼저 모두 채운 사람이 나올 때까지 계속하며 이 사람에게는 정성이 담긴 조그만 선물을 증정해도 좋습니다.

	본인	단짝
1. 당신이 가장 좋아하는 색깔은 무엇입니까?		
2. 당신의 취미는 무엇입니까?		
3. 당신의 혈액형은 무엇입니까?		
4. 성서인물 중에서 당신이 가장 존경하는 분은 누구입니까?		
5. 당신이 가장 좋아하는 음식은 무엇입니까?		
6. 당신의 시력은 얼마입니까?		
7. 당신의 생일은 몇 월입니까?		
8. 당신의 허리 사이즈는 얼마입니까?		
9. 당신이 중학교 때 제일 싫어한 과목은 무엇이었습니까?		
10. 당신이 가장 즐겨 부르는 복음성가는 무엇입니까?		

▷ **모둠원의 능동적 참여를 촉진하는 지혜:**

이 활동을 시작할 때 지도자는 은근히 경쟁심을 부추길 필요가 있습니다. 즉 지도자가 "여러분, 지금 여러분께서는 〈단짝 찾기〉 놀이용지에서 본인란을 모두 기록하셨습니다. 이제 시작이 되면 각 문항마다 자기와 같은 내용을 적은 사람을 찾아야 하므로 목청껏 소리를 내지 않고는 안 되지요. 예를 들면 당신이 좋아하는 색깔이 노랑이라고 합시다. 그러면 큰 소리로 '노랑!' 하고 외치고 다니다가 자기와 같이 '노랑'을 외치는 사람을 만나 그 사람과 단짝 란에 사인을 주고받도록 하십시오. 그러면 이와 같은 방법으로 하여 누가 가장 먼저 모든 문항의 단짝을 찾는지 알아보기로 하겠습니다. 가장 먼저 마쳐서 놀이용지에 자신의 이름을 적어 제출하는 사람에게는 엄청난 상품이 기다리고 있습니다. 자! 목청껏 외쳐서 단짝을 빨리 찾아오세요. 시작!" 하고 외칩니다.

그 자리는 금세 짝을 찾는 사람들의 소리로 아수라장이 될 것입니다. 지도자는 줄곧 돌아다니면서 큰 목소리로 분위기를 띄워 주십시오. 이렇게 하여 가장 먼저 마친 사람이 나올 때까지 계속하다가 활동을 마치도록 하십시오. 엄청난 상품은 사탕 몇 개로 충분합니다.

느낌 나누기 (2.9)

- **인원** : 10~40명
- **준비물** : 포스트잇과 연필 (인원 수만큼)
- **소요시간** : 15~20분

- **모둠의 형태** : 전체 모둠
- **물리적 환경** : 참가자들이 자유롭게 돌아다니면서 즐길 수 있는 방

　모둠원들에게 포스트잇을 한 장씩 나누어 준 다음 지난 한 주일 동안 자신의 삶을 적절하게 나타내는 형용사(또는 색깔)를 한 가지 생각해 보고 이를 포스트잇에 적어 보도록 합니다. 그런 다음 참가자들에게 자기 포스트잇을 이마에 붙이도록 하고 돌아다니다가 마주치는 사람과 인사를 나누고 약 2분 동안 그 형용사를 가지고 지난 주간에 겪은 일과 심정을 나누도록 하십시오. 이야기를 나눈 사람들은 헤어져서 다시 다른 사람과 만나 같은 방법으로 이야기를 나누어 봅시다.

당신을 알고 싶어요(2.10)
- **인원** : 10~40명
- **준비물** : 없음
- **소요시간** : 15~20분
- **모둠의 형태** : 전체 모둠
- **물리적 환경** : 참가자들이 자유롭게 돌아다니면서 즐길 수 있는 방

> 1. 당신이 가장 보람을 느낄 때는 언제입니까?
> 2. 당신은 TV가 없었다면 저녁 시간을 어떻게 보내겠습니까?
> 3. 당신은 첫사랑을 했을 때 느낌은 어땠습니까?
> 4. 당신은 어떤 때 정말 화가 납니까?
> 5. 당신이 가장 인상 깊게 본 영화는 무엇입니까?
> 6. 당신은 최근 엉뚱한 실수를 저질러서 봉변을 당한 적이 있습니까?

지도자는 모둠 참가자들과 한 자리에 모여 서서 함께 정겨운 노래를 부르도록 하십시오. 참가자들은 노래를 부르면서 이곳저곳을 돌아다니다가 지도자가 노래를 갑자기 중단하면 자기와 가장 가까이서 마주보고 있는 사람과 인사를 나누고 '가위바위보'를 합니다. 이긴 사람은 상대방의 이야기를 들을 것인지, 아니면 자기가 이야기를 들려줄 것인지 결정하십시오. 이야기를 들려줄 사람이 결정되면 지도자는 이들에게 지난 주간에 겪었던 일들 중에서 가장 기뻤던 일과 불만스럽거나 불쾌했던 일을 2~3분 정도 들려주도록 합니다.

이야기를 마치면 헤어져서 지도자의 신호에 따라 노래를 부르며 자리를 옮기십시오. 그러다가 노래가 다시 중단되면 다시 만난 사람과 가위바위보를 하고 2-3분 정도 이야기를 나눕니다. 화제 거리는 매번 지도자가 알려 주도록 하는데 너무 무겁고, 심각한 내용이 되지 않도록 하십시오. 놀이를 마치고 나면 모임의 분위기가 한층 밝아질 것입니다.

이름에 담긴 뜻(2.11)
- **인원** : 10~30명
- **준비물** : 없음
- **소요시간** : 15~20분
- **모둠의 형태** : 6~8명으로 구성된 여러 모둠
- **물리적 환경** : 여러 모둠이 서로 방해가 되지 않을 정도로 떨어져서 즐길 수 있는 방

당신의 이름은 태어날 때부터 당신과 함께 있어 왔습니다. 아마도 자기 이름은 자기가 가장 먼저

쓰고, 읽은 글씨일 것입니다. 당신의 이름은 당신이 누구인지를 상징하고 있으며, 당신 자신인 동시에, 미래의 당신 모습일 수도 있습니다. 그런 이름인데 다른 사람들이 당신 이름을 잘못 알고 있거나, 잊어버리거나, 혹은 모르고 있다면 속상한 일이지요. 이 활동을 통해 참가자들은 서로 이름을 소개하면서 다른 사람들의 이름을 쉽게 외우게 됩니다.

첫 번째 방법으로 참가자들에게 각자 자기 이름을 소개하고, 이름과 관련된 기억, 연상되는 것, 또는 느낌들을 나누도록 합니다. 동시에 모둠 회기 중에 다른 이름을 정하여 사용할 수도 있습니다.

두 번째 방법으로 자기 짝, 또는 다른 참가자들이 여러 가지 다른 방법으로 다양하게 당신의 이름을 부르도록 함으로써 그 느낌을 나누어 보도록 합니다. 예를 들면 '화가 난 투로, 애원하듯이, 간사스럽게, 다정하게, 구슬프게' 등이 있습니다. 이렇게 해 보고 그 느낌이 어떤지를 나누어 보십시오.

세 번째 방법으로 참가자들은 모두에게 어울리는 형용사를 한 마디씩 붙여주면서 이름을 익힐 수도 있습니다. 즉 한 사람이 "신나는 하나"라고 하면 이어서 옆 사람이 "신나는 하나뿐인 하나"라고 합니다. 그러면 세 번째 사람은 "신나는 하나뿐인 쾌활한 하나"라는 식으로 이름을 부르는 동안 저절로 솔솔 외울 수 있게 되지요.

누구일까요?(2.12)

- **인원** : 8~40명
- **준비물** : 모양이 같은 종이와 연필(인원 수만큼)
- **소요시간** : 20~25분
- **모둠의 형태** : 8~10명으로 구성된 여러 모둠
- **물리적 환경** : 여러 모둠이 서로 방해가 되지 않을 정도로 떨어져서 즐길 수 있는 방

지도자는 모둠원들에게 종이를 나누어 주고 각자 이름을 적어서 접은 다음 이를 바구니에 모으십시오. 그런 다음 바구니에서 쪽지를 한 장씩 빼서 쪽지에 적힌 사람의 장점과 인상 깊은 점을 여섯 가지 생각해 보고 이를 그 종이에 적고 종이 하단에 서명하십시오. 그리고 다시 접어서 바구니에 집어 넣도록 합니다.

지도자는 종이를 한 장씩 꺼내어 읽는데 이때 두 사람, 즉 쪽지의 주인공과 그 사람의 장점과 인상 깊은 점에 대해 쓴 사람의 이름은 밝히지 않습니다. 지도자는 모둠원들이 이 사람이 누구인지를 의

논하여 밝히도록 하십시오. 주인공이 밝혀지면 이번에는 글쓴이가 누구인지도 알아맞혀 봅시다.

모든 사람이 다 소개될 때까지 계속하며, 이러한 과정이 진행되는 동안 사람들은 편안해집니다. 이 놀이는 모둠원들끼리 이미 잘 알고 있는 모임에서 효과적입니다. 이미 알고 있던 사람을 새롭게 이해하고 우정을 돈독히 하는 계기가 되기도 합니다.

아! 시원해(2.13)

- **인원** : 제한 없음
- **준비물** : 없음
- **소요시간** : 5~10분
- **모둠의 형태** : 전체 모둠
- **물리적 환경** : 참가자 전원이 둘러앉아 즐길 수 있는 방

참가자들이 둥글게 둘러앉아서 한 방향을 바라보도록 하고 두 손을 앞 사람의 어깨에 얹어서 어깨를 시원스럽게 주물러 주십시오. 이렇게 1분 정도 안마를 하고 나서는 반대 방향으로 돌아서서 지금까지 자기 어깨를 안마해 주었던 사람의 어깨를 주물러 주세요. 이렇게 안마를 하면서 앞 사람에게 '만나서 반갑습니다', '자, 긴장을 푸세요' 라든가 '시원하시죠?' 라는 식으로 계속 말할 수도 있습니다.

윙크로 이야기를 나누어요(2.14)

- **인원** : 10~40명
- **준비물** : 질문지(인원 수만큼)
- **소요시간** : 15~20분
- **모둠의 형태** : 전체 모둠
- **물리적 환경** : 참가자 전원이 돌아다니면서 즐길 수 있는 방

참가자들은 질문지를 한 장씩 들고 돌아다니다가 만나는 사람

과 눈인사를 나누고 함께 "하나 둘 셋"하고 외치면서 동시에 윙크를 합니다. 두 사람이 서로 다른 쪽 눈을 감으면 다시 헤어지고 같은 쪽 눈을 감으면 두 사람은 정식으로 인사를 나누도록 합니다. 이때 서로에게 자기 이름을 소개하고 질문지에 적혀 있는 질문들을 상호 세 가지씩 하도록 합니다. 대화 시간은 3분 정도가 적당합니다.

누구인가요?(2.15)

- **인원** : 10~40명
- **준비물** : 엽서 크기의 카드, 연필, 종이상자
- **소요시간** : 20~25분
- **모둠의 형태** : 8~10명으로 구성된 여러 모둠
- **물리적 환경** : 여러 모둠이 서로 방해가 되지 않을 정도로 떨어져서 즐길 수 있는 방

지도자는 참가자들에게 카드에다가 각자 자기를 나타내는 특징, 숨은 장기, 엉뚱한 버릇 이상 세 가지를 기록하도록 합니다. 예를 들어 "내 배에는 커다란 점이 있어요", "나는 수영하기를 좋아해요", "나는 개구리를 보기만 해도 알레르기 증상이 나타납니다"라는 식으로 말입니다. 그런 다음 참가자들이 적은 쪽지를 모두 거두어서 종이상자에 넣습니다.

첫 번째 모둠원이 상자에서 카드를 한 장 꺼내서 큰 소리로 읽은 다음, "이 글의 주인공은 누구일

까요?"라고 묻습니다. 그러면 사람들은 모두 함께 "하나 둘 셋"하고 외치면서 "너!"하고 손가락으로 자기가 생각하는 사람을 지적하는 방식으로 알아맞히도록 합니다.

당사자는 끝까지 시치미를 뚝 떼고 있어야 합니다. 그런 다음 그 사람은 자리에서 일어나 이름과 함께 자기소개를 하십시오. 이렇게 소개를 마친 사람은 다음 번 카드를 뽑아서 다시 계속해 보세요.

만나는 기쁨(2.16)

- **인원** : 20~40명
- **준비물** : 번호가 적힌 명찰, 놀이용지(인원 수만큼)
- **소요시간** : 15~20분
- **모둠의 형태** : 전체 모둠
- **물리적 환경** : 참가자들이 자유롭게 돌아다니면서 즐길 수 있는 방

모임에 사람들이 참가하는 순서대로 번호표를 달아줍니다. 모임이 시작되면 지도자는 지시문을 넣어 둔 봉투를 한 장씩 나누어 주고 봉투를 개봉해 보도록 합니다. 지시문에는 다음과 같은 내용(예)들이 있지요.

1번은 13번과 15번을 찾아가서 함께 "비 내리는 호남선(어린이인 경우에는 '학교종이 땡땡땡', 을 크게 부르십시오.

2번은 6번과 10번을 찾아가서 자기를 소개하고 그 사람의 오른쪽 뺨에 뽀뽀하십시오.

3번은 7번을 찾아가서 생일이 언제인지를 알아본 다음, 1번에게 가서는 그 사람이 현재 연애중인 사람(또는 남편이나 아내, 짝사랑 중인 사람 등)에 대해 알아 오십시오.

4번은 9번과 3번을 찾아가서 직업과 취미에 대해서 알아 오십시오.

5번은 11번, 16번, 7번과 함께 만나서 인간열차를 만들고 방을 뛰어다니면서 '기찻길옆 오막살이' 노래를 크게 부르십시오.

6번은 2번, 8번을 찾아가서 등에 업고 '우리 아기 잘도 잔다!'를 열 번 외치면서 돌아다니십시오.

7번은 1번과 9번을 찾아가서 시 한 수를 멋들어지게 낭독하십시오(지시문에는 시 한 수를 적어놓으십시오).

이런 방식으로 참가자 전원에게 각기 다른 주문이 적혀있는 지시문을 주고 해당되는 사람을 찾아

서 하도록 하는데 마구 뒤엉켜 있기 때문에 그리 간단하지가 않습니다. 따라서 사람들은 찾고 있던 사람이 다른 일을 하고 있으면 일단 마칠 때까지 기다렸다가 지시한 내용을 요청해야 합니다.

놀이에 대한 생각 〈셋〉

세상을 살다보면 억지로 할 수 없는 것이 있는데 그 대표적인 것이 웃음입니다. 안될 말입니다만 괴롭히고 때려서라도 다른 사람을 울릴 수는 있습니다. 하지만 다른 사람을 억지로 웃길 수는 도무지 없는 것입니다.

'게오르규'의 소설을 영화화한 〈25시〉의 마지막 장면이 생각나는군요. 나찌 독일의 선전 노리개로 이리저리 끌려 다니던 주인공은 제2차 세계대전이 끝나자 자유의 몸이 되어 고향에 돌아오게 되었습니다. 이 소식을 알게 된 서방 기자들은 그를 취재하러 몰려들었습니다. 사진을 찍겠다며 마구 들이대는 사진기 앞에서 그는 강요된 억지웃음을 지어보이는 것이 영화의 마지막 장면입니다. 성격배우로서의 '안소니 퀸'의 연기가 돋보이는 감격스런 장면입니다.

자유의지를 가진 인간은 스스로 웃지 않는 한 억지로 웃을 수도, 웃길 수도 없는 존재입니다. 다른 동물과는 달리 유독 인간만이 웃음을 지을 수 있도록 하는 안면근육이 발달되어 있다고 하지요. 이를 보건대 웃음은 인간과 동물을 구분하는 확실한 잣대가 되기도 하는 것입니다. 웃음 짓는 축복을 누리지 못하고 살아가는 사람은 인간답지 못하다고 하겠습니다.

하나님께서 태초에 인간을 창조하셨을 때에 심히 좋아하셨으며(창1:31), 인간을 창조하신 목적도 이들이 인생을 즐기도록 한 데에 있었습니다. 인간이 참된 웃음과 안식을 잃어버린 것은 인간이 하나님께 범죄하여 타락하였기 때문이라는 사실을 성경이 명백히 증명하고 있습니다.

어쨌든 인간은 웃음을 찾고 웃지 않고는 살 수가 없는 존재인 것입니다. 그럼에도 불구하고 우리 주변에서 깨끗한 웃음과 참된 웃음을 찾아보기 힘든 것이 우리를 우울하게 만듭니다. TV 드라마나 코미디를 보고 있자면 악쓰고, 헐뜯고, 비아냥대고, 비웃고, 때리고, 남의 실수를 웃음거리로 삼는 것에 실소를 금치 않을 수 없습니다. 신문을 보더라도 대부분 어두운 기사 투성이고 대부분의 연재만화들도 음담패설로 웃음거리를 제공하고 있음을 봅니다. 이것들이야말로 비(非)웃음, 곧 거짓 웃음인데 진솔한 웃음은 온데 간데 없고 거짓 웃음, 억지웃음, 쓴

> 웃음들이 판을 치고 있는 현실이 안타깝기만 합니다.
> 　해맑은 웃음, 잔잔한 웃음, 기쁨을 안겨 주는 웃음, 훈훈한 웃음, 새록새록 생각나는 웃음…, 이런 분위기가 그립습니다. 가난한 가운데서도 자연과 벗하여 유유자적하며 인생을 즐기던 선조들의 지혜와 여유가 아쉽습니다. 참된 웃음은 어디에서 찾을 수 있는 것일까요? 이런 웃음을 소유한 사람은 진실로 행복한 사람입니다. 이것은 모든 사람들의 꿈이요 소망이기도 합니다.

숨은 그림 찾기 (2.17)

- **인원** : 10~40명
- **준비물** : 숨은 그림 복사지(모둠 수만큼)
- **소요시간** : 10~15분
- **모둠의 형태** : 4~6명으로 구성된 여러 모둠
- **물리적 환경** : 전체 모둠이 활동할 수 있을 만한 크기의 방

　신문이나 잡지에서 흔히 찾아볼 수 있는 '숨은 그림 찾기'의 그림을 준비하여 모둠 수만큼 복사해 두십시오. 이 놀이는 대부분 혼자 하게 되는데, 모둠을 구성하여 모둠별로 숨어있는 그림을 빨리 찾아보도록 한다면 매우 박진감 넘치고 훌륭한 놀이가 되지요.

넌 내꺼야! (2.18)

- **인원** : 20~40명
- **준비물** : 종이와 연필(인원 수만큼)
- **소요시간** : 10~15분
- **모둠의 형태** : 전체 모둠
- **물리적 환경** : 참가자들이 자유롭게 돌아다니면서 즐길 수 있는 방

참가자 모두에게 종이(받침이 있으면 더욱 좋습니다)와 연필을 나누어 주고 제한된 시간 내에 가능한 한 많은 사람들에게서 사인을 받도록 하는 놀이입니다. 그런 다음 이들 중에서 사인을 가장 많이 받은 네 사람을 골라서 4개의 방구석 하나씩을 차지하고 서 있도록 합니다.

자, 이제 다시 시작합니다. 구석에 서 있는 네 사람은 각자 자기에게 사인을 해 준 사람들을 확인하여 한 명이라도 더 자기 구역으로 모셔 와야 합니다. 두 사람 이상에게 중복 사인을 한 사람은 먼저 붙잡은 사람이 임자입니다. 일단 붙잡혀간 사람은 남의 구역을 침범하여 빼앗을 수 없습니다.

노아의 방주(2.19)

- **인원** : 10~40명
- **준비물** : 쪽지, 종이와 연필(인원 수만큼), 스카치테이프
- **소요시간** : 10 15분
- **모둠의 형태** : 전체 모둠
- **물리적 환경** : 참가자들이 자유롭게 돌아다니면서 즐길 수 있는 방

참가자들이 모임 장소에 도착하는 대로 등에다가 동물의 이름이 적힌 쪽지를 붙여줍니다. 본인이 미리 알아도 무방하지만 알려주지 않도록 하며 종이와 연필을 한 개씩 나누어줍니다. 참가자들이 모두 도착하여서 모임이 시작되면 사람들은 돌아다니면서 마주치는 사람들과 인사를 나누면서 그 사람의 이름과 등에 적힌 동물의 이름을 함께 적습니다. 지도자는 적당한 시간에 중단하고 누가 가장 많은 사람들과 인사를 나누었는지 알아봅니다.

우리는 친구(2.20)

- **인원** : 15~30명
- **준비물** : 종이와 연필(인원 수만큼)
- **소요시간** : 15~20분
- **모둠의 형태** : 전체 모둠
- **물리적 환경** : 참가자들이 자유롭게 돌아다니면서 즐길 수 있는 방

　사람들이 도착하는 대로 이름표를 한 개씩 나누어 주고 크레용으로 이름을 크게 써서 가슴에 부착한 다음, 돌아다니면서 서로 인사를 나누고 이름을 외우도록 합니다. 모두 도착하였으면 이름표를 떼어 버리고 모든 사람들에게 연필과 종이를 각각 나누어 주십시오. 그런 다음 다른 사람들의 이름을 기억나는 대로 5분 내에 적어 보도록 합니다. 자신이 기록한 이름을 큰 소리로 부르는 동안 다른 사람들의 이름을 쉽게 외울 수 있을 것입니다.

종이 한 장 사이(2.21)

- **인원** : 10~40명
- **준비물** : 종이
- **소요시간** : 10~15분
- **모둠의 형태** : 5~8명으로 구성된 여러 모둠
- **물리적 환경** : 참가자들이 자유롭게 즐길 수 있는 방

　모둠별로 둥글게 또는 일렬로 섭니다. 첫 번째 사람에게 종이(16절지 종이를 반으로 자른 크기)를 한 장씩 나누어 주고 숨을 들이쉬어서 종이가 입에 붙어 있도록 합니다. 시작이 되면 그 상태에서 다음 사람에게 종이를 인계하도록 하는데 손을 사용해선 안 되며 단지 입만 사용할 수 있습니다. 따라서 종이를 입에 대고 있던 사람은 옆 사람이 숨을 들이쉬어서 종이를 가져갈 때 살며시 들이쉬던 숨을 그쳐서 종이를 넘겨주도록 합니다. 이렇게 하여 어느 모둠이 마지막 사람의 입에까지 종이를 가장 먼저 옮기는지 겨루어 봅니다.

거품 코(2.22)
- 인원 : 10~40명
- 준비물 : 면도용 거품(foamy)
- 소요시간 : 10~15분
- 모둠의 형태 : 5~8명으로 구성된 여러 모둠
- 물리적 환경 : 참가자들이 자유롭게 즐길 수 있는 방

　모둠으로 나누어서 일렬로 앉은 다음 열의 첫 번째 사람들의 코에다가 면도용 거품(일명 foamy)을 풍성하게 묻혀 줍니다. 시작이 되면 코에 묻어 있는 거품을 뒷 사람의 코에 되도록 많이, 풍성하게 묻혀서 넘겨 줍니다. 이렇게 하여 맨 나중 사람의 코에까지 거품을 묻혀서 옮겨 놓도록 하는데 어느 모둠이 마지막 사람의 코에 거품을 가장 많이 묻히는지 겨루어 봅니다.

코 흘릴 적 친구(2.23)
- 인원 : 10~40명
- 준비물 : 립스틱
- 소요시간 : 10~15분
- 모둠의 형태 : 5~8명으로 구성된 여러 모둠
- 물리적 환경 : 참가자들이 자유롭게 즐길 수 있는 방

2~4개의 모둠으로 나누고 남녀가 교대로 정렬하여 앉습니다. 열 맨 앞의 사람의 코에 립스틱을 진하게 발라 줍니다. 시작이 되면 코에 립스틱을 바른 사람이 옆 사람의 코에다가 자신의 코를 맞대고 비벼서 립스틱을 묻혀 줍니다. 이렇게 하여 맨 나중 사람에게 립스틱을 묻혀 주는데 어느 모둠이 가장 많이 묻혔는지 겨루어 봅니다.

내가 누구입니까?(2.24)
- **인원** : 10~30명
- **준비물** : 쪽지(인원 수만큼), 사인펜과 스카치테이프
- **소요시간** : 15~20분
- **모둠의 형태** : 전체 모둠
- **물리적 환경** : 참가자들이 자유롭게 돌아다니면서 즐길 수 있는 방

 지도자는 성경 속의 인물, 역사 인물, 유명 인사, 만화 주인공, 연예인과 같이 일반적으로 잘 알려져 있는 사람들의 이름을 적은 쪽지(10×5cm)를 인원 수보다 약간 많이 준비하여 둡니다. 모임이 시작되면 지도자와 부지도자는 테이프를 이용하여 준비된 쪽지를 참가자들의 등에 붙이는데 이때 당사자들은 자신의 등에 붙은 쪽지에 어떤 이름이 쓰여 있는지 보여 주어서는 안 됩니다. 그러나 자기 등에 붙은 이름표는 자기 외의 다른 사람들은 모두 볼 수 있습니다.
 이렇게 모든 사람의 등 뒤에 이름이 적힌 쪽지가 붙었으면 놀이를 시작하는데, 자기 등에 적혀있는 이름에 관련된 내용을 다른 사람들에게 물어 보아서 빨리 알아맞추어야 합니다. 그 모임에 참석한 모든 사람들은 기억상실증 환자들이어서 자신의 이름을 잊어버리고 있는 것입니다. 지도자는 사전에 벽에 걸린 거울을 치워놓도록 함으로써 참가자들 등에 붙은 쪽지를 뜯어서 볼 수 없도록 하십시오. 다른 사람들에게 자신에 관해 모든 것을 물어볼 수 있으나 대답은 "예", "아니요"라고만 할 수 있습니다.

웃기는 사람들(2.25)
- **인원** : 10~20명

- **준비물** : 1인당 쪽지 4장씩, 연필(인원 수만큼)
- **소요시간** : 15~20분
- **모둠의 형태** : 전체 모둠
- **물리적 환경** : 참가자들이 둘러앉아서 즐길 수 있는 방

참가자들에게 각각 쪽지 네 장과 연필을 나누어 주십시오. 첫 번째 쪽지에는 위대한 인물을 한 사람 생각해서 그 이름을 기록하도록 합니다. 두 번째 쪽지에는 "어디에서?"를 적습니다. 세 번째 쪽지에다가는 "무엇을 했습니까?"를, 그리고 마지막 네 번째 쪽지에는 "왜?"를 적도록 합니다.

지도자는 이 쪽지들을 따로 모아서 섞은 다음, 다시 1, 2, 3, 4번 쪽지들을 한 장씩 가져가도록 합니다. 온통 뒤섞여 버렸으므로 돌아가면서 발표하는 동안 전혀 엉뚱한 내용들이 연발하면서 모두들 한바탕 웃게 될 것입니다. 예를 들면 "(1) 링컨 대통령은 (2) 화장실에서 (3) 거북선을 만들었다, (4) 왜냐고? 배고프니까" 라는 식의 얼토당토한 말이 나올 것입니다.

오리가 난다(2.26)

- **인원** : 10~40명
- **준비물** : 없음
- **소요시간** : 10~15분
- **모둠의 형태** : 전체 모둠
- **물리적 환경** : 참가자들이 둘러앉아 즐길 수 있는 방

모두 둥글게 둘러앉은 다음 지도자가 "오리가 난다", "오리가 난다"하면서 두 손을 펼쳐서 날개를 치는 시늉을 하면 사람들은 이를 따라서 합니다. 그러다가 지도자가 갑자기 "까치가 난다"고 하면 사람들은 자리에서 일어나 더 큰 동작으로 날갯짓하는데, 지도자가 속임수로 "거북이가 난다"하면 참가자들은 이내 손을 내려놓고 가만히 있어야 합니다. 그런데 다 그렇지가 않고 의자에서 벌떡 일어나 손을 흔드는 사람이 반드시 한두 사람쯤은 나오게 마련입니다. 본인은 무안하겠지만 보는 사람들은 즐겁지요. 속임수에 걸려든 사람이 이어서 다시 시작합니다.

> ### 놀이에 대한 생각 〈넷〉
>
> J.K.Galbraith는 그의 저서 '풍요로운 사회'에서 현대사회에 들어서면서 급변하는 세 가지 노동현상을 다음과 같이 지적하였습니다. 즉 노동 시간의 단축, 노동 시간에 주어지는 노동량의 약화, 그리고 노동 인구의 축소라는 것입니다. 그는 이러한 현상은 앞으로도 계속되어질 것이며 결국 일 중심의 사회에서 여가 중심의 사회로 변모할 것이라고 하였습니다.
>
> 하지만 컴퓨터의 급속한 보급과 기계화가 가져다준 경제적 풍요가 인간들에게 더 많은 여가 시간과 기회를 제공해 줄 것이라는 유토피아적인 기대는 허구라는 사실이 속속 밝혀지고 있습니다. 우리는 미국을 위시하여 서유럽 국가들, 그리고 일본은 이러한 기대와는 정반대로 더욱 바쁘고 힘겨운 사회로 변모해 가고 있다는 사실을 직시해야 합니다.
>
> 20~30년 전까지만 해도 미국 가정은 남편 혼자 일해서 번 돈으로 온 가족이 잘살 수 있었습니다. 그런데 이제는 아내들도 일을 하지 않고는 살아가기가 힘들게 되었습니다. 오히려 더 바빠지고 각박해졌다는 얘기인데 이러한 현상은 앞으로도 계속되어질 것이 확실합니다.

가라사대(2.27)

- **인원** : 10~40명
- **준비물** : 없음
- **소요시간** : 10~15분
- **모둠의 형태** : 전체 모둠
- **물리적 환경** : 참가자들이 둘러앉아 즐길 수 있는 방

가라사대 놀이는 누구나 한 번쯤은 즐겨 본 적이 있을 것입니다. 참가자들은 지도자가 '가라사대'라는 말로 시작하는 지시만을 따라 해야 합니다. 반대로 가라사대를 하지 않은 말을 따라 해서는 안 되겠지요. 지도자는 미리 작전을 잘 짜 두었다가 시치미를 뚝 떼고 여러 번 진행합니다. '난 절대로 안 속지.' 하고 생각하는 사람도 엉겁결에 속을 수 있답니다.

색종이 수집(2.28)
- **인원** : 8~15명
- **준비물** : 인원 수만큼의 편지봉투(그 안에 9가지 색깔의 색종이를 집어 넣어 둡니다.)
- **소요시간** : 10~15분
- **모둠의 형태** : 전체 모둠
- **물리적 환경** : 참가자들이 자유롭게 돌아다니면서 즐길 수 있는 방

9가지의 색종이가 들어 있는 편지봉투를 인원 수만큼 만들어서 참가자들에게 한 개씩 나누어 주십시오. 시작이 되면 사람들은 돌아다니면서 다른 사람들과 색종이를 한 장씩 바꾸어서 자기가 원하는 색깔의 종이 9장을 신속하게 수집하도록 합니다.

한 번에 한 장만 교환할 수 있으며 다른 사람들이 자기와 같은 색깔을 모으고 있다는 사실을 알게 된 사람들은 재빨리 수집하는 종이 색깔을 바꾸어야 하겠지요. 9명 미만인 경우에는 인원 수만큼의 색깔을 정하도록 하며, 9명 이상인 경우에는 적어도 9가지의 색종이를 사용하여야 합니다.

이름 훔쳐보기(2.29)
- **인원** : 10~40명
- **준비물** : 인원 수만큼의 종이(A4 용지 1/4 크기), 크레용 또는 매직펜
- **소요시간** : 15~20분
- **모둠의 형태** : 전체 모둠
- **물리적 환경** : 참가자 전원이 몸 작업을 하기에 충분히 넓은 방(의자는 모두 치워 두십시오.)

참가자들에게 종이를 두 장씩 나누어 주고 그중 종이 한 장에 각자 크레용이나 매직펜으로 자기 이름을 크게 쓰도록 합니다. 이때 다른 사람들에게는 절대로 보여 주지 않도록 하십시오. 모든 사람들이 자기 이름을 기록한 종이를 등에 붙이도록 한 다음, 시작이 되면 다른 사람들의 등에 적혀 있는 이름을 훔쳐보고 자기가 들고 있는 종이에 이를 기록하도록 합니다. 그러면서 자기 이름은 다른 사람들이 볼 수 없도록 감추어야 합니다. 하지만 벽에 등을 대고 있거나 손으로 가리는 것은 반칙입니다.

진행 시간은 지도자가 결정하며 정해진 시간 내에 가장 많은 이름을 적은 사람이 누구인지 알아

봅니다. 서로 잘 알고 있는 사람들의 모임에서는 이름 대신 별명이나 별칭을 사용할 수 있습니다.

　이 놀이의 결과를 보면 아주 재미있는 점을 뚜렷하게 발견하게 될 것입니다. 즉 자기 이름을 안 보여 주려고 애쓴 만큼 그 사람은 다른 사람들의 이름을 적게 알게 되고 동시에 자기 이름을 아는 사람들도 적습니다. 이와 반대로 다른 사람들의 이름을 알려고 바삐 돌아다닌 사람은 그 만큼 다른 사람들의 이름을 많이 알게 되고 자기 이름을 아는 사람들도 많아집니다.

　이 놀이를 마치고 나면 아주 명확한 사실을 확인할 수 있게 됩니다. 자기 이름을 감추기에 급급하여 돌아다니지 않고 벽에 등을 댄 채로 있는 사람은 다른 사람들이 그 사람의 이름을 알아내기 어렵기도 하고 동시에 다른 사람들도 그 사람의 이름을 알아내기가 무척 어렵습니다. 반대로 다른 사람들의 이름을 알아내려고 바쁘게 뛰어다닌 사람은 다른 사람들의 이름을 많이 알기도 하고 동시에 많은 사람들이 그 사람의 이름을 알게 됩니다.

　지도자는 이런 사실을 그대로 알려 주기보다는 놀이를 마친 다음에 누가 가장 많이(또는 적게) 다른 사람들의 이름을 알아냈고 그 사람의 이름을 몇 사람이 알아냈는지를 확인해 봄으로써 참가자들이 이런 사실을 스스로 느낄 수 있도록 도와줄 필요가 있습니다. 자기 노출(self-disclosure)을 많이 한 만큼 다른 사람들이 자기를 많이 알 수 있게 되고 건강한 자기이해와 다른 사람들과의 원만한 인간관계를 맺을 수 있다는 사실을 깨닫는 기회가 될 것입니다.

몸으로 얘기해요(2.30)

- **인원** : 20~40명
- **준비물** : 없음
- **소요시간** : 15~20분
- **모둠의 형태** : 전체 모둠이 남녀 두 모둠으로 나누어서 진행합니다.
- **물리적 환경** : 참가자 전원이 몸 작업을 하기에 충분히 넓은 방(의자는 모두 치워 두십시오.)

　두 개의 원을 겹치게 만들고 안쪽의 원에는 여자들이, 바깥쪽 원에는 남자들이 정렬합니다. 시작이 되면 누구나 잘 알고 있는 동요나 가요를 다 같이 부르면서 여자는 시계 반대 방향으로 남자는 시계 방향으로 돕니다. 지도자가 갑자기 노래를 중단하고 큰 소리로 신체의 두 부분을 외칩니다.

　예를 들어서 지도자가 "발꿈치와 코"라고 외치면 참가자들은 그 순간 가장 가까이 있는 여자(남자)와 짝을 이루어서 지도자가 지명한 신체의 부분을 서로 맞닿도록 하십시오. 지도자는 "귀와 어깨", "코와 코", "엉덩이와 팔꿈치" 등 여러 가지 방법으로 계속하면서 참가자들이 서로 다른 사람과 만날 수 있도록 하기 바랍니다.

▷ **모둠원의 능동적 참여를 촉진하는 지혜:**

　이 책에는 여자와 남자가 몸이 마구 부딪히고 뒤엉켜서 하는 격렬한 놀이들이 많이 담겨 있습니다. 지도자는 이러한 놀이를 하면서 은근히 야한 분위기를 조장하는 일이 있어서는 안 됩니다. 그렇게 되면 참가자들은 아주 불쾌한 느낌을 갖게 되고 모둠은 와해되고 맙니다. 그러므로 지도자는 지극히 자연스러운 마음가짐으로 참가자들이 스스럼없이 편하게 즐길 수 있도록 도와주십시오.

무엇이 달라졌나?(2.31)

- 인원 : 10~30명
- 준비물 : 없음
- 소요시간 : 10~15분
- 모둠의 형태 : 전체 모둠
- 물리적 환경 : 참가자 전원이 돌아다니면서 활동하기에 충분히 넓은 방(의자는 모두 치워 두십시오.)

참가자들은 각자 가슴에 명찰을 달도록 하고 시작이 되면 돌아다니면서 만나는 사람과 인사를 나누도록 합니다. 이때 일반적으로 두 사람은 눈을 마주치고 반갑다는 인사와 함께 서로 이름을 알려 주겠지요. 이밖에 두 사람은 2분 정도 인사를 나누다가 서로 돌아서서 등을 마주대고 섭니다. 그 상태에서 두 사람은 각자 머리핀을 빼거나 반지를 다른 손가락에 바꾸어 끼거나 앞머리를 푸는 등, 자기 몸의 모습을 세 가지 바꾸어 보십시오. 두 사람이 이렇게 한 다음 두 사람이 다시 마주보고 서서는 서로 상대방의 무엇이 바뀌었는지 찾아보도록 합니다. 이렇게 하여 서로 알아맞히고 난 후 두 사람은 헤어져서 다른 사람과 만나 인사를 나누고 같은 방법으로 해 봅니다.

사람을 찾습니다(2.32)

- 인원 : 20~40명
- 준비물 : 종이쪽지와 연필(인원수만큼)
- 소요시간 : 15분
- 모둠의 형태 : 전체 모둠
- 물리적 환경 : 참가자 전원이 몸 작업을 하기에 충분히 넓은 방(의자는 모두 치워 두십시오)

참가자들은 모두 둥글게 둘러서서 각자 자기 이름을 쪽지에 적어서 손에 들고 있도록 합니다. 그런 다음 지도자의 신호에 따라 다 함께 노래를 부르면서 시계 방향으로 돕니다. 지도자가 노래를 중단하면 사람들은 그 자리에 정지하고 자기 이름이 적힌 쪽지를 원 안쪽 바닥에 내려놓습니다. 노래가 다시 시작되면 사람들은 다시 이동합니다. 노래가 다시 그치면 사람들은 앞에 놓여 있는 쪽지를 한 개 주워서 그 쪽지의 주인이 누구인지 신속하게 찾아내도록 합니다. 목소리가 작을수록 손해이므로 사람들은 쪽지에 적힌 이름을 큰 목소리로 외쳐야 합니다. 그러면서도 자기를 찾는 사람을 귀기울여 들어야겠지요. 이렇게 여러 번 하는 동안 사람들은 서로 자연스럽게 어울리게 됩니다.

▷ **모둠원의 능동적 참여를 촉진하는 지혜:**
참가자들이 큰 목소리를 힘차게 질러보면 크게 도움이 됩니다. 특히 요즈음 청소년들의 목소리는 마치 모기 소리만큼 작습니다. 이처럼 소리를 내지 못하는 이유는 참가자들이 다른 사람들을 의식하여 부담스러워하기 때문입니다. 지도자는 다른 사람을 의식하지 않고 큰 소리를 낼 수 있도록 이들을 지속적으로 격려해 주십시오.

재잘재잘(2.33)
- **인원** : 20~40명
- **준비물** : 없음
- **소요시간** : 10~15분
- **모둠의 형태** : 전체 모둠이 남녀로 두 모둠으로 나누어서 진행합니다.
- **물리적 환경** : 참가자 전원이 활동하기에 충분히 넓은 방(의자는 모두 치워 두십시오.)

이중으로 둥글게 둘러서는데 남자는 바깥쪽 원에, 여자는 안쪽 원에 각각 서도록 하십시오. 음악이 시작되면 남자와 여자들은 서로 반대 방향으로 돌다가 음악이 그치면 그 자리에 서서 앞에 있는 사람과 마주보고 이야기를 나눕니다. 그러다가 노래가 다시 시작되면 다시 돌아서 또 다른 사람과 만나 이야기를 나누십시오. 이렇게 계속하면서 지도자는 매번 이야기 주제를 바꾸어 주고 참가자들이 많은 사람과 만나 사귈 수 있게 합니다.

이런 사람을 찾습니다(1.33)
- **인원** : 20~40명
- **준비물** : 놀이용지와 연필(인원 수만큼)

- **소요시간** : 15~20분
- **모둠의 형태** : 전체 모둠
- **물리적 환경** : 참가자 전원이 돌아다니면서 활동하기에 충분히 넓은 방(의자는 모두 치워 두십시오.)

참가자들에게 〈이런 사람을 찾습니다〉라고 적힌 놀이용지를 나누어준 다음, 지도자가 시작을 알리면 사람들은 각자 큰 소리로 해당되는 사람을 찾아서 그 사람으로부터 확인 사인을 받아오도록 하십시오. 이렇게 하여 가장 먼저 완성한 사람은 용지 상단에 자기 이름을 적어서 지도자에게 가져오도록 하고 상품도 준비되어 있다고 알려 주십시오. 목소리가 작으면 사람을 찾기 힘들기 때문에 있는 힘을 다해 크게 외치면서 돌아다니도록 분위기를 띄워주시기 바랍니다.

이 름 : _____

이런 사람을 찾습니다.

1. 생일이 같은 달에 있는 사람
2. 몸무게가 61-63kg인 사람
3. 혈액형이 나와 같은 사람
4. 시력이 0.2-0.3인 사람
5. 현재 열애 중에 있는 사람
6. 잠잘 때 코를 고는 사람
7. 형제·자매가 셋 이상인 사람
8. 집에서 개나 고양이를 키우는 사람
9. 수술한 경험이 있는 사람
10. 팔다리가 부러져서 깁스를 해본 적이 있는 사람

우째 좀 난처하네요!(1.1)

- **인원** : 20~40명
- **준비물** : 놀이용지(인원 수만큼), 루즈, 고무 밴드
- **소요시간** : 10~15분

■ **모둠의 형태** : 전체 모둠
■ **물리적 환경** : 몸 작업을 하기에 충분히 넓은 방(의자는 모두 치워 두십시오.) 또는 잔디밭

모임에서 처음 만나 서로 어색해 하는 분위기를 순식간에 박살내 버리는 탁월한 놀이입니다. 우선 활동용지를 참가자 전원에게 한 장씩 나누어 주는데 사람들이 미리 보지 못하도록 반대로 한 번 정도 접어서 나누어 주십시오. 이 놀이가 시작이 되면 참가자들 각자가 용지에 적혀 있는 과제들을 빨리 풀고 서로 사인을 받으려고 순식간에 아수라장이 됩니다.

과제는 아무 사람이나 붙잡고 시키거나, 또는 자신이 어느 사람 앞에서 하고 그 사람으로부터 확인 사인을 받아 오는 것입니다. 단, 한 사람에게 두 번 사인을 받으면 안 됩니다. 박진감 넘치게 하기 위하여 가장 먼저 마치고 용지를 지도자에게 가지고 오는 사람에게는 엄청난(?) 선물이 준비되어 있다고 알려주는 것도 도움이 됩니다.

이 름 : _____

우째 좀 난처하네요!

1. 남의 양말을 벗겨서 다시 거꾸로 신기십시오.
2. 길이가 15cm 이상 되는 남자의 머리카락 2개를 구해 오십시오.
3. 남자(여자)는 여자(남자)에게 다가가서 강제로 팔굽혀펴기를 10번 시키십시오.
4. 바지를 입고 있는 사람의 바지 한 쪽을 무릎 위로 걷어 올리십시오.
5. 다른 사람의 등에 올라타고 매미가 되어 "매앰 맴" 하고 열 번 울어 보세요.
6. 남자는 여자의, 여자는 남자의 손을 붙잡고 한 쪽 무릎을 굽힌 채,
   "나는 처음 본 순간 당신을 너무나 사랑하게 되었습니다. 이것이 운명인가요?"
   하고 고백(?) 한 후 사인을 받아 오십시오.
7. 앉았다가 일어서기를 20번 한 다음 다른 사람으로부터 확인을 받아 오십시오.
8. 셔츠를 입은 사람의 단추를 풀고 한 칸씩 단추를 잘못 끼워 주십시오.
9. 다른 사람 앞에서 옆으로 뒹굴기를 3번 하십시오."
10. 여자는 남자의 뺨에, 남자는 여자의 뺨에 루즈를 큼지막하게 칠해 주십시오.
11. 가위바위보를 하고 진 사람이 이긴 사람을 업고 열 걸음 걸으십시오.
12. 다른 사람과 함께 오리걸음을 10걸음 걸으십시오.
13. 남자의 머리를 고무줄이나 머리핀을 이용하여 여자처럼 치장해 주십시오.
14. 아직 인사를 나누지 못한 10사람을 찾아가서 인사를 나누십시오.

▷ **참가자들의 능동적 참여를 촉진하는 지혜:**

지도자가 놀이용지만 나누어 주면 모든 참가자들이 스스로 신나게 뛰어다니면서 즐길 수 있는 놀이입니다. 지도자의 역할은 참가자들이 주도적으로 참여하여 스스로 즐길 수 있도록 이들에게 동기를 부여해 주고 놀이터를 제공해 주는 데 있습니다. 어느 누구도 다른 사람들을 놀려줄 수는 없답니다.

보다 구체적인 이해를 돕기 위해 이를 재현해 보겠습니다.

지도자: "자, 여러분! 이제 여러분에게 놀이용지를 한 장씩 나누어 드리는데 그 내용을 미리 보지 말고 그대로 들고만 있기 바랍니다."

참가자들이 모두 놀이용지를 가지면 지도자는 참가자들에게 다시 말합니다.

지도자: "아직 내용을 보지 말고 내가 드리는 설명을 잘 듣기 바랍니다. 종이에는 열네 가지의 과제가 있는데 그 과제란 내가 다른 사람 앞에서 하는 것도 있지만 대부분 아무 사람이나 붙들고 그에게 하도록 하는 것입니다. 그리고 그 과제를 마치면 그 사람에게서 확인 사인을 받아와야 합니다. 이렇게 모든 과제를 가장 먼저 마친 사람은 지도자인 나에게 놀이용지를 제출하기 바랍니다. 그 사람에게는 엄청난 상품이 기다리고 있습니다. 아시겠죠? 자, 그럼 시작하세요. 시작!" 해 보면 알겠지만 이후로는 지도가가 할 일이 아무 것도 없습니다.

참가자들은 시작이 되는 순간부터 각자 바쁘게 뛰어다니면서 스스로 즐기기 때문입니다. 지도자는 참가자들이 즐길 수 있는 터와 정보를 제공할 뿐, 실제로 놀이는 참가자들이 스스로 즐기는 것입니다. 이 맛을 아는 사람은 억지로 남을 놀리려고 하지 않습니다. 반대로 놀이를 즐기는 사람들과 함께 신나게 즐기지요.

지도자는 돌아다니면서 이들과 함께 놀면서 "자! 빨리 서두르세요. 한 번 가면 안 와요. 빨리 하세요"라고 신나게 외치고 다니면서 분위기를 띄우고 다니는 것으로 충분합니다. 이런 상쾌하고 즐거운 맛을 여러분도 느낄 수 있게 되기를 바랍니다.

이름 찾기(2.34)

- **인원** : 20~40명
- **준비물** : 종이와 연필(인원 수만큼)
- **소요시간** : 15~20분
- **모둠의 형태** : 전체 모둠

- **물리적 환경** : 참가자들이 돌아다니면서 활동할 수 있을 만한 크기의 방(의자는 모두 치워 두십시오.)

참가자들에게 종이와 연필을 하나씩 나누어 주십시오. 종이를 4번 접으면 16칸이 되고 5번 접으면 32칸이 되므로 인원수에 맞게 적당히 접도록 합니다. 지도자는 참가자들이 맨 왼쪽 윗칸에 자신의 이름과 별명을 적도록 한 다음 신호가 나면 다른 사람들을 찾아다니다가 서로의 이름을 주고받고 인사를 나누면서 이름을 빈칸에 하나씩 적어 넣도록 합니다. 가장 먼저 모든 사람의 이름과 별명을 적은 사람이 누구인지 알아보고, 자기를 소개하는 시간을 가져 보십시오.

별칭 지어주기(2.35)
- **인원** : 10~40명
- **준비물** : 인원 수만큼의 명찰, 명찰 안에 들어갈 쪽지(인원 수의 세 배), 크레파스 또는 매직(12색)을 3인 1조에 한 벌씩
- **소요시간** : 20~25분
- **모둠의 형태** : 3명 · 전체 모둠
- **물리적 환경** : 3명씩 이룬 모둠이 상호 방해하지 않고 편안하게 대화를 나눌 수 있을 만한 크기의 방

이 활동은 남에게 비추어진 자기 자신의 첫인상을 알고, 평등한 인간관계를 맺기 위한 기초단계로 자신을 여러 사람 앞에 자연스럽게 소개하는데 도움이 됩니다.

3명이 1조가 되도록 하여 마주보고 앉습니다. 1명당 1장씩 명찰용지를 나누어 주고 각자가 이 모임에서 다른 사람들로부터 불려지고 싶은 자기 별칭을 종이에 하나씩 적도록 합니다. 그런 다음 다시 한 명당 두 장씩 명찰용지를 나누어 주고 자기 조 두 사람에게 느낀 분위기나 인상에 착안하여 부르기 좋고, 듣기 좋은 별칭을 한 가지씩 지어서 적어 주십시오.

사람들은 그 별칭을 지어주게 된 동기와 기대를 서로 나누어 보십시오. 자기별칭을 세 가지 중에 한 가지를 선택하고 그것을 선택하게 된 이유를 설명하고 비닐 케이스에 새롭게 적은 명찰용지를 넣어 달도록 합니다. 참가자 전원이 한 자리에 모여 별칭을 소개하는 시간을 가져 봅시다. 지금까지

의 과정 즉 자신과 다른 사람에게 별칭을 지어 주는 동안 가진 느낌을 주고받도록 하십시오.

세 사람이 오순도순(2.36)

- **인원** : 10~40명
- **준비물** : 없음
- **소요시간** : 15~20분
- **모둠의 형태** : 전체 모둠을 3명의 여러 모둠으로 나누어 진행합니다.
- **물리적 환경** : 모둠들이 상호 방해가 되지 않고 대화를 나눌 수 있을 만한 크기의 방

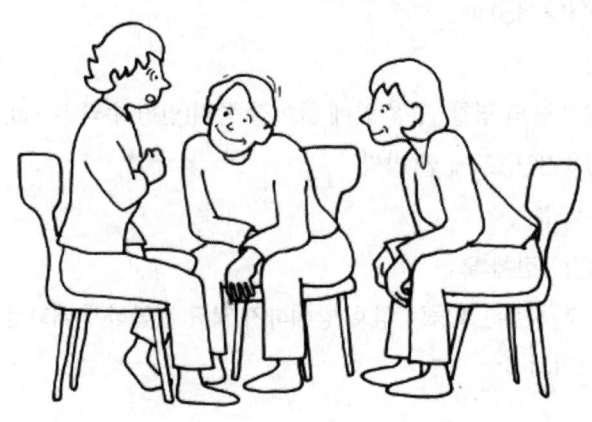

3인이 1조가 되어서 세 사람이 오순도순 모여서 자신을 소개하고 상대방에 대한 느낌을 나누도록 하는 활동입니다. 세 사람은 서로 인사를 나눈 다음 순서를 정하여 한 사람씩 2-3분 동안 자기를 소개합니다. 이렇게 세 사람이 모두 소개를 마치면 이번에는 2분 동안 두 사람이 한 사람에 대해 느낀 점을 솔직하게 이야기 해 주는데 이때 비판적이거나 약점을 지적하는 일이 없도록 하십시오. 서로를 수용하고 인정하는 말을 전하다 보면 아늑한 분위기에 젖어들게 됩니다.

▷ **모둠원이 자신이 느낌을 명료하게 인식할 수 있도록 하는 지혜:**
내가 경험한 바에 의하면 우리나라 사람들 특히 청소년들은 십중팔구 '……한 것 같아요' 라는 말

로 말의 끝을 맺습니다. 한번 곰곰이 생각해 봅시다. 도대체 "……이 재미있는 것 같아요"라든가, "……이 아름다운 것 같아요"라고 하는 것이 말이 됩니까? 재미있으면 재미있는 것이고, 아름다워 보이면 아름답다고 해야 옳지 않습니까? 그런데 대부분의 청소년들이 "……인 것 같아요"라고 말하는데 그것은 그들이 끊임없이 정답을 대고 살아야 하는 부담을 안고 살아왔기 때문이라고 생각합니다. 그래서 자기 생각뿐 아니라 느낌조차도 있는 그대로 편안하게 드러내지 못하고 있는 것이지요.

그러므로 지도자는 활동을 시작하기 전에 참가자들에게 그런 말을 사용하지 않도록 권유할 필요가 있습니다. 느낌은 사람마다 다르므로 정답이 있을 수가 없지요. 대부분의 사람들이 즐거워하는 자리에서도 어떤 사람은 외로움을 느끼기도 합니다. 같은 사물을 보더라도 사람마다 갖는 느낌은 다릅니다. 어떤 사람이 아름답다고 느끼는 사물을 징그럽게 느끼는 사람도 있습니다. 지도자는 참가자 개개인의 각기 다른 생각과 느낌을 있는 그대로 수용하고 존중함으로써 그들이 자기의 느낌과 생각을 그대로 드러낼 수 있도록 지속적으로 지지해 주십시오.

참가자들이 자기가 하는 말을 아무런 의식 없이 안전하게 그대로 드러내 놓고 할 수 있으며, 다른 사람들이 이를 있는 그대로 수용하고, 지지하고, 존중하고 있다는 사실을 느끼고 이를 모든 사람들이 공유하게 되는 순간부터 비로소 모둠 내에서 진실한 인간관계가 시작됩니다.

놀이에 대한 생각 〈다섯〉

놀이하는 지혜 〈하나〉

놀이는 참가자들이 누구나 쉽게 즐길 수 있는 놀이를 준비하는 것이 바람직합니다. 놀이를 가르치려 들면 참가자들은 즐거운 시간을 가질 수 없습니다. 그러므로 놀이 지도자는 참가자들이 쉽게 즐길 수 있도록 하는 지혜를 개발하십시오.

놀이하는 지혜 〈둘〉

다른 사람들을 놀릴 수 있는 사람은 아무도 없습니다. 놀이하는 사람들이 스스로 놀 때 비로소 놀이가 이루어집니다. 그러므로 놀이 지도자는 사람들이 놀 수 있는 터를 제공해 주고 이들이 스스로 즐길 수 있도록 동기를 부여해 주는 도움자요 또 하나의 참여자일 뿐입니다.

놀이하는 지혜 〈셋〉

우리는 다른 사람의 외모, 버릇, 약점 등을 비꼬는 것으로 웃음거리를 삼는 부끄러운 문화 속에 살고 있는 듯 합니다. 소위 부정적인 농담이 일상에 비일비재합니다. 건강한 웃음은 서로 격려하고, 지지하고, 수용하고, 나누고, 돌보는 가운데 공유할 수 있습니다. 이러한 점에서 놀이하는 사람들은 언제나 긍정적인 웃음의 느낌을 개발하고 나눌 수 있는 지혜를 개발하는 노력을 꾸준히 해야 하겠습니다.

놀이하는 지혜 〈넷〉

참된 놀이는 사람들과의 진솔한 만남, 사귐, 나눔, 섬김, 돌봄을 공유하도록 합니다. 진실로 즐거운 모임이었다면 시간이 지나 다시 그 순간을 생각해 볼 때 기억에 떠오른 것은 어떤 놀이를 하였는가가 아니라 그때 그 자리에서 만났던 사람들과 그들과 나누었던 일들일 것입니다. 그러므로 놀이 지도자는 어떤 놀이를 할 것인가에 관심을 두기보다는, 참가자 개개인과 그들 간의 인간관계가 심화될 수 있도록 하는 데에 보다 세심한 배려를 하도록 하십시오.

놀이하는 지혜 〈다섯〉

우리나라 교육이 가진 큰 문제점 중 하나는 극한의 경쟁을 통한 줄 세우기입니다. 이런 자리에서는 개인의 존엄과 독립성을 기대할 수 없습니다. 놀이에서조차 경쟁심을 유발한다면 그야말로 비극이지요. '경쟁 없이 어떻게 놀이를 할 수 있습니까?' 라고 묻는 사람들을 자주 만나봅니다. 그만큼 우리는 경쟁이 당연시 되어버린 사회 속에 살아가고 있습니다. 경쟁을 하더라도 이기고 진 것만을 알려 주기만 할 뿐 점수화하지 않는다면 경쟁의 폐해를 없앨 수 있답니다.

놀이하는 지혜 〈여섯〉

놀이에서 규칙은 반드시 일관성 있고 엄격하게 지켜져야 합니다. 놀이를 하다가 어느 한 사람(또는 모둠)이 너무 못 하거나 지고 있으면 은근슬쩍 봐주는 경험을 대부분 해 보았을 것입니다. 그때의 기분이 어땠으며 그런 의도적인 배려가 실제로 그에게 도움이 되었는지 한번 되돌아보세요. 결코 유쾌한 기분이 들지 않으리라고 생각되는군요. 참가자들이 규칙을 공유하는 가운데 모두가 바람직하고, 유익하고, 즐거운 놀이를 즐겼다고 생각하는 자리에서는 이기고 지는 것이 전혀 문제가 되지 않습니다.

놀이하는 지혜 〈일곱〉

놀이에서는 결과보다 과정이 더 중요합니다. 경쟁이 주는 폐해가 바로 여기에 있지요. 그리고 어떤 놀이든지 시나리오가 없습니다. 같은 놀이라도 사람마다 각기 다른 방법과 분위기로 즐깁니다. 그리고 놀이는 그 자체가 목적이지 이밖에 다른 의도된 목적이 없다는 점에서 결과는 애초부터 존재하지 않는다고 보는 것이 옳을 듯합니다. 그러므로 놀이를 하면서 사람들은 어떤 경험을 하고, 상호 어떤 인간관계를 맺는지에 보다 세심한 관심과 배려를 하도록 하십시오.

놀이하는 지혜 〈여덟〉

어른이 어린이가 될 수는 있어도, 어린이가 어른이 될 수는 없는 일이지요. 게다가 놀이는 어린이의 마음을 가진 사람들만이 누릴 수 있다는 점에서 어른이 어린이가 되어서 즐기지 않고는 어른이 놀이를 즐길 수 있는 길은 도무지 없습니다. 그러므로 놀이를 준비하는 지도자부터 어린이가 되고자 하는 마음가짐이 필요합니다.

놀이하는 지혜 〈아홉〉

요즘 우리나라에는 놀이만큼 훌륭한 학습방법이 없다고 주장하는 상업화된 사이비 아동교육학원들이 성업 중에 있습니다. 이제는 비싼 놀이 기구를 사지 않고는 어린이들이 놀이를 할 수 없을 지경에 이르렀습니다. 우리가 어린 시절 즐기던 놀이 도구들은 돌이나 나뭇가지와 같은 자연물이거나 돈 안들이고 만들 수 있는 물건들이었습니다. 그래서 놀이터는 자연과 사람 그 자체이고, 소박해야 하는 이유가 여기에 있습니다. 환경이 화려해지면 그만큼 사람들은 가려지게 된다는 사실을 기억해 두어야 하겠습니다.

놀이하는 지혜 〈열〉

노자는 도덕경에서 '한 지도자는 국민들이 그가 있는지조차 모를 때 가장 훌륭한 지도자' 라고 하였습니다. 놀이터에서 가장 어울리는 지도자가 바로 이런 사람입니다. 우리가 어린 시절 들녘과 골목에서 친구들과 놀이를 할 때 지도자가 일일이 놀이 규칙을 알려주고 심판을 보았다면 얼마나 우스꽝스러운 일이었겠습니까? 때로는 서로 다투기도 하고 타협하는 동안 그 놀이터에서는 우리 안에 보이지는 않으나 공유하고 존중하는 지도력과 규칙이 존재했던 것입니다.

3. 짝짓기 놀이

성경구절 맞추기(1.2)
- **인원** : 10~30명
- **준비물** : 성경구절들을 적은 쪽지들(인원 수의 반), 손수건 또는 신문지
- **소요시간** : 10~15분
- **모둠의 형태** : 전체 모둠
- **물리적 환경** : 참가자들이 자유롭게 돌아다니면서 활동할 수 있을 만한 크기의 방

성경구절을 적어 놓은 쪽지를 여자들에게 한 장씩 나누어 준 다음 각자 두 조각을 내도록 합니다. 반 조각은 자신이 가지고 있고 나머지 반 조각은 손수건으로 싸서 단단히 여러 번 묶습니다. 그런 다음 지도자는 손수건들을 거두어서 방 반대편 책상 위에 놓아 두십시오.

지도자가 시작 신호를 알리면 남자들은 책상으로 달려가서 손수건을 풀고 쪽지를 꺼내서 읽은 다음 다른 반쪽을 가지고 있는 여자를 찾아 나섭니다. 손수건 대신 신문지 한 장씩을 나누어주고 꽁꽁 구긴 신문지 안에 조각을 감추도록 할 수도 있습니다.

내 짝은 어디에?(2.37)
- **인원** : 20~40명
- **준비물** : 인원 수만큼의 종이와 연필
- **소요시간** : 10~20분
- **모둠의 형태** : 전체 모둠
- **물리적 환경** : 참가자 전원이 활동하기에 충분히 넓은 방(의자는 모두 치워 두십시오.) 또는 야외

모임 장소에 들어올 때 참가자들에게 쪽지를 나누어 주고 이름을 적도록 합니다. 이때 남자와 여

자를 분리해서 모아 두고 모임이 시작되기 직전에 그 쪽지에 상대방(여자 이름 밑에 남자 이름을, 남자 이름 밑에는 여자 이름을)의 이름을 적어 놓습니다. 그런 다음 주인에게 쪽지를 다시 돌려주고 이름 밑에 적혀 있는 자기 짝을 찾도록 합니다. 이때 큰 소리를 절대로 내어서는 안 되고 귓속말로 "강유진입니까?"하고 소곤소곤 묻도록 하십시오. 이 소리를 들은 사람은 귓속말로 "아니요", "네" 하고 대답해야지 머리를 끄떡이거나 "예" "아니요"를 큰 소리로 대답하지 마십시오. 짝을 찾게 되면 "찾았다"하고 큰 소리로 함께 외치고 빈 자리에 오붓하게 앉습니다. 참가자들이 자기 짝을 모두 찾을 때까지 계속합니다.

풍선 안 보물(2.38)
- **인원** : 20~40명
- **준비물** : 인원 수보다 많은 풍선과 쪽지
- **소요시간** : 10~15분
- **모둠의 형태** : 전체 모둠
- **물리적 환경** : 참가자 전원이 활동하기에 충분히 넓은 방(의자는 모두 치워 두십시오.)

참가자들 중에서 여자들에게 쪽지와 풍선을 한 개 씩 나누어 주고 쪽지에 자기 이름을 적습니다. 이름을 적은 쪽지를 돌돌 말아서 풍선 안에 집어넣고 큼지막하게 불어서 묶도록 합니다.

이제는 둥글게 둘러서서 풍선들을 중앙에 모두 모아 놓고는 "잡아라!"하고 지도자가 외치면 남자들은 잽싸게 달려가서 풍선을 하나씩 줍도록 합니다. 잡은 풍선을 터트리고 쪽지에 적힌 사람 이름을 큰 소리로 부릅니다. 이때 여자도 가만히 있을 수 없겠지요. 서 있는 자리에서 자기 이름을 크게 외쳐서 자기 짝이 자기를 쉽게 찾을 수 있도록 합니다. 짝을 찾은 사람들은 서로 만나서 손을 마주 잡고는 그 자리에서 팔짝팔짝 뛰면서 "찾았다"하고 외치도록 하십시오.

지도자는 짝짓기 활동이나 모둠을 만드는 활동을 할 때 단순하고 신속하게 진행하는 지혜가 필요합니다. 속도감이 없으면 참가자들이 지루해하기 쉽습니다. 그러므로 참가자들이 정신 차릴 틈도 없이 후다닥 해치우는 기분으로 하십시오.

벙어리 짝 찾기(2.39)

- **인원** : 20~40명
- **준비물** : 인원 수만큼의 쪽지
- **소요시간** : 15~20분
- **모둠의 형태** : 전체 모둠으로 하면서 6~8명의 여러 모둠으로 구성합니다.
- **물리적 환경** : 참가자 전원이 활동하기에 충분히 넓은 방(의자는 모두 치워 두십시오.) 또는 야외

지도자는 사람들에게 다음과 같은 글이 적힌 쪽지를 한 장씩 나누어 줍니다. 그 내용은 "나를 꼬집어주세요", "나의 코를 비틀어주세요", "꿀밤을 때려주세요", "나의 등을 긁어주세요", "나의 귀를 당겨주세요", "나의 볼을 땡겨 주세요" 등입니다. 사람들은 자기 쪽지에 적혀 있는 내용을 다른 사람들에게 알려 주어서는 안 됩니다.

소등을 하면 사람들은 깜깜한 상태에서 돌아다니다가 부딪히는 사람에게 자기 쪽지에 적힌 대로 상대방에게 하세요. 일례로 상철이가 어떤 사람을 만나 코를 비틀어 주었는데, 그 사람은 상철이의 등을 긁어 주었다면 그들은 짝이 아닙니다. 이럴 때에는 서로 헤어져서 자기 짝을 찾아다닙니다. 그러다가 자신과 같은 동작을 한 사람을 만나면 그 두 사람은 짝이 되는 것이지요. 어둠 속을 돌아다니면서 말을 해서는 안 됩니다. 이 놀이를 가지고 같은 방법으로 모둠을 만들 수도 있습니다.

▷ **모둠원의 능동적 참여를 촉진하는 지혜:**

〈어둠 속 짝짓기〉(2.40)나 〈벙어리 짝 찾기〉(2.39)와 같이 어둠 속에서 하는 놀이의 특징은 소극적이고 내성적인 사람이 평소에는 생각조차 할 수 없었던 행동을 과감하게 시도할 수 있도록 하는 데 있습니다. 그 이유는 깜깜한 어둠 속에서 누가 누구인지 모르고 그래서 자신도 감추어져 있기 때문에 큰 소리로 외칠 수 있게 되고, 다른 사람의 코를 잡아서 비틀 수도 있는 용기를 내도록 하여 줍니다. 이는 익명성이 보장된 분위기에서 안전하게 가지는 일종의 카타르시스의 효과라고 하겠습니다. 이처럼 한 번 소리를 지르고 엉뚱한 행동을 하고 나면 그 후로는 훨씬 편안함을 느끼고 앞으로의 모임에 기대를 갖도록 촉진합니다.

어둠 속 짝짓기(2.40)

- **인원** : 10~40명
- **준비물** : 노래 제목을 적은 쪽지(인원 수만큼)
- **소요시간** : 10~15분
- **모둠의 형태** : 전체 모둠
- **물리적 환경** : 참가자들이 자유롭게 돌아다니면서 활동할 수 있을 만한 크기의 방

    지도자는 누구나 쉽게 부를 수 있는 동요나 가요 중에서 인원수의 반 만큼의 노래 제목을 두 장씩 적은 쪽지를 마련해 두고 이를 각각 다른 종이상자에 넣어 둡니다. 모임이 시작되면 남자들은 한 상자에서 쪽지를 하나씩 뽑습니다. 여자들도 다른 상자에서 쪽지를 뽑아 들도록 하십시오. 이렇게 되면 남녀 각각 한 사람씩 같은 노래 제목을 가지게 되겠지요. 이때 참가자들은 쪽지를 펴서 자기 노래 제목은 읽을 수 있어도, 이를 아무에게도 알려주지 마십시오.
    그런 후에 지도자는 갑자기 방의 불을 모두 꺼버립니다. 깜깜해진 방에서 지도자는 "자, 이제 여러분은 같은 노래를 가진 짝을 찾아야 하는데 오직 콧노래로만 자기 짝을 찾을 수 있습니다. 반드시 콧노래로만 부르세요. 짝을 찾은 사람들은 자기 짝과 손을 잡고 그 자리에 조용히 앉아서 기다리시기 바랍니다. 그러면 시작!"하고 알려줍니다. 이밖에 콧노래 대신 휘파람을 불어서 찾도록 할 수도 있습니다. 이 놀이는 모둠을 만드는 데도 훌륭하게 사용할 수 있습니다.

짝을 찾아라(2.41)

- **인원** : 20~40명
- **준비물** : 종이와 연필, 풍선(인원 수만큼)
- **소요시간** : 10분
- **모둠의 형태** : 전체 모둠
- **물리적 환경** : 참가자들이 자유롭게 돌아다니면서 활동할 수 있을 만한 크기의 방

    여자들에게 쪽지를 한 장씩 나누어주고 자기 이름을 적도록 합니다. 원대형으로 둘러서서 자신의 쪽지를 한 번 접어서 원 안으로 모두 던져 넣도록 한 다음 마구 섞어 놓습니다. 그리고 시계 방향으

로 돌면서 노래를 신나게 부르다가, 지도자가 "잡아라"하고 외치면 남자들은 원 안에 떨어져 있는 쪽지 중에서 한 장을 집어서 쪽지에 적힌 여자의 이름을 읽고 그 친구를 빨리 찾아내야 하므로 목이 터져라 외쳐서 그녀를 찾아가서 만난 그 자리에 앉습니다.

풍선 속의 짝 찾기(2.42)
- **인원** : 10~30명
- **준비물** : 풍선, 눈가리개, 밀가루, 쪽지(인원 수만큼)
- **소요시간** : 10~15분
- **모둠의 형태** : 전체 모둠
- **물리적 환경** : 참가자들이 자유롭게 돌아다니면서 활동할 수 있을 만한 크기의 방

이 놀이는 남자가 눈가리개를 하는 것 외에는 준비과정은 〈풍선 안 보물〉(2.38)과 같습니다. 시작이 되면 남자들은 눈가리개를 한 채로 마치 빗자루로 바닥을 쓸듯이 손을 더듬거리며 조심스럽게 원 중앙으로 다가가서 풍선을 하나씩 줍습니다. 그러다 보면 틀림없이 풍선을 찾지 못하여 허둥대는 사람들이 나오지요. 그러면 여자들은 그 사람이 풍선을 찾을 수 있도록 "왼쪽 앞으로", "앞으로 전진"하는 식으로 도와주세요. 이렇게 하여 남자들이 풍선을 모두 하나씩 찾으면 풍선을 터트리도록 합니다.

이번에는 눈가리개를 살짝 올려서 쪽지에 적힌 자기 짝 이름을 본 다음 다시 눈가리개를 하고 고래고래 소리를 지르면서 자기 짝을 찾습니다. 여자도 이에 응수하여 자기 이름을 외치는데 그 자리에서 움직일 수는 없습니다. 짝을 찾은 사람은 빈자리를 찾아가서 오붓하게 앉아서 아직 찾지 못하고 헤매는 사람들을 즐길 수 있는 특혜가 주어집니다.

이 놀이로 남자들을 골탕 먹일 수도 있지요. 남자들이 풍선을 찾을 때 지도자는 살짝 풍선을 몇 개 빼내면 눈을 가린 사람들은 영문도 모르고 풍선을 찾아 헤매는 모습을 즐길 수 있습니다. "거기 아니야. 왼쪽으로 세 발작 가봐." "아이고 발로 차 버렸네." 하는 식으로 골탕을 먹입니다. 또 한 가지는 여자들에게 풍선을 줄 때에 남자 몰래 밀가루를 조금 넣어둔 풍선을 나누어 주고 그 풍선이 터질 때 모습을 상상해 보세요.

놀이에 대한 생각 〈여섯〉

하나님께서는 십계명을 통하여 우리에게 안식일을 거룩하게 지킬 것을 명령하셨습니다(출 20:8~11). 안식일은 언어적으로 '쉬는 날'을 뜻합니다. 십계명 중 네 번째 계명인 안식일을 생각할 때 안식일을 "기억하라"(remember)는 대목을 주목해야 합니다. 기억하라는 말은 하나님께서 모세에게 계명을 주시기 전에 이미 안식일이 있었다는 증거이며 안식의 본래적인 의의를 암시하고 있습니다.

하나님께서 세상 만물을 만드신 다음 일곱 번째 날을 쉼(rest)과 원기회복(refreshment)을 위해 성별해 두셨던 것입니다. 하나님께서 일곱 째 날 친히 쉬셨던 것은 정말 흥미롭습니다. 가인과 아벨 시절에도, 노아 시절에도 안식일은 있었습니다. 이스라엘 민족이 시내광야에서 방랑생활을 하던 때도 하나님께서는 안식일 전날에 만나 하루치를 더 내려 주심으로써 주일을 기념토록 하셨던 일을 기억합니다(출16).

안식일을 '기념하라'는 분명한 하나님의 명령입니다. '기념하라'(commemorate)는 기억하라(remember)와 준수하라(observe)는 두 가지 뜻을 모두 포함하고 있습니다. 안식일을 성별하여 거룩하게 지키는 것은 하나님께서 우리에게 내리시는 엄한 명령이심을 기억해야 하겠습니다. 그러면 이제 하나님께서 무엇 때문에 우리에게 안식일을 기념하고 성별하여 거룩하게 지키라고 하신 이유가 무엇인지 생각해 보기로 합시다.

첫 번째 이유는 안식일을 지키는 것이 우리에게 유익하기 때문입니다. 하나님께서 애초에 인간을 7일 중에 하루는 쉬도록 만드신 것입니다. 우리는 우주를 다스리시는 창조주 하나님 법칙을 따라 살아야 편안합니다. 안식일을 지킨다는 것은 하나님께서 정하신 우주의 리듬을 타고 물 흐르듯 살아가는 것과도 같습니다. 안식은 지친 우리들의 원기를 회복시켜 주고 새롭게 하며 재창조를 위한 에너지를 재충전시켜 주는 것입니다.

두 번째 이유는 우리에게 특별한 축복을 주시려고 하기 때문입니다. 출애굽기 20장11절에 "이는 엿새 동안에 나 여호와가 하늘과 땅과 바다와 그 가운데 모든 것을 만들고 제 칠 일에는 쉬었음이라. 그러므로 나 여호와가 안식일을 복되게 하여 그 날을 거룩하게 하였느니라"고 하였습니다. 하나님께서 엿새 동안 일하시고 제 칠일에는 친히 쉬셨듯이 우리가 안식일을 지킬 때 7일에 마칠 일을 엿새 만에 마치고 제 칠 일에는 쉴 수 있는 지혜와 특권을 주신 것입니다.

광야 시절에 이스라엘 민족에게 내려주신 만나를 생각해 봅시다. 6일째 되는 날 하나님께서는 만나를 두 배나 더 내려 주심으로 안식일에 일하지 않고서도 편안히 쉴 수 있도록 하셨습니다. 하나님은 참 좋으신 분입니다. 하나님은 우리들이 그의 명령을 믿고 따르면 부족함이 없는 특별한 축복을 선사해 주시는 분이십니다. "안식일을 기억하여 거룩히 지키라"는 말씀은 단순한 규율이 아니라 하나님께서 주시는 축복의 선물인 것입니다.

하나님께서 안식일을 기억하여 거룩히 지키라고 하시는 명령은 간결하고 명확합니다. 그럼에도 어떻게 하여야 주일을 올바로 지키는 것인지 이해하고 실천하는 것은 쉬운 일이 아닙니다. 실제로 많은 그리스도인들이 안식일을 거룩하게 지키는 문제를 놓고 심각하게 고민하고 있는 것이 사실입니다.

이러한 점에서 바리새인들은 안식일을 철저히 지키려고 했던 사람들입니다. 그들은 하나님의 말씀에 의거하여 수백여 가지의 행동수칙과 금기사항들을 세워놓고 이를 지켜왔습니다. 하지만 이들의 이러한 노력이 가져다주는 것은 자유와 안식이 아니라 고행이었습니다. 그들의 이러한 삶의 여정을 보면 끝없이 고행하는 수도승의 모습이 떠오릅니다. 하나님께서 안식일을 세우시고 이를 지키도록 명하신 목적은 결코 우리들에게 고통스러운 수행을 하도록 하려는 데 있지 않았습니다.

바리새인들처럼 그들이 행동강령을 요목조목 정해 놓고 안식일을 올바로 지킨다는 것은 어리석은 일입니다. 성경이 증언하는 안식일의 의미를 제대로 이해하고 나서 이를 실생활에 실천하기 위해 노력하는 진지한 자세가 필요합니다.

이러한 점에서 예수님은 안식일을 가장 모범적으로 지킨 분이셨습니다. 마태복음 16장 28~30절을 보면 안식일에 대한 예수님의 생각이 바리새인들과 얼마나 큰 차이가 있었는지 이내 알 수 있습니다. 바리새인들은 그들이 세운 안식일에 대한 계율들도 하나님을 기쁘게 해 드리려는데 있었습니다. 그들은 하나님이 계율을 좋아하시는 줄로 착각했지만, 예수는 생각이 전혀 달랐습니다. 예수는 우리를 쉼터로 초대하여 다만 와서 쉬기를 원하고 계십니다(시 23:1~3).

얼마나 감사한 일인지요! 예수께서는 우리가 율법에 의해 정해진 규칙에 따라 어렵사리 안식일을 지키는 것을 원치 않으십니다. 예수는 하나님과의 올바른 관계는 규율을 지키는 데에 있는 것이 아니라 하나님 품에서 쉼을 얻는 데에 있다고 하셨습니다. 우리의 짐을 주님께 벗어

던지고 우리가 영원한 쉼을 얻어 기쁨과 평안을 누리기를 원하시는 것이 하나님의 뜻입니다. 우리의 무거운 짐을 외면하라는 말씀이 아니라 그 힘들고 무거운 짐을 내 맡기면 예수께서 대신 져 주시겠다는 말입니다.

"수고하고 무거운 짐진 자들아 다 내게로 오라 내가 너희를 쉬게 하리라 나는 마음이 온유하고 겸손하니 나의 멍에를 메고 내게 배우라 그러면 너희 마음이 쉼을 얻으리니 이는 내 멍에는 쉽고 내 짐은 가벼움이니라"(마11:28~30).

이 말씀에 이어 마태복음 12장에는 예수께서 안식일에 밀밭 사이로 지나 가시다가 동행하던 제자들이 시장하여 이삭을 잘라 먹은 대목은 자못 흥미롭습니다. 안식일을 범한 이 현장을 목격한 바리새인들이 가만히 있을 리 없었습니다. 이들이 추궁을 하자 이들에게 들려 주신 예수의 말씀은 의미심장합니다.

예수께서는 이들에게 안식일이 중요하지 않다거나, 이제는 율법이 무의미하므로 안식일을 지키지 않아도 된다고 하지 않았습니다. 그렇다고 바리새인들을 두둔한 것도 아니었습니다. 그 대신 예수께서는 하나님의 뜻을 명확히 설명해 주셨습니다. 우리는 예수의 이 말씀에서 안식일을 어떻게 보내야 하는지에 대한 세 가지 교훈을 발견하게 됩니다.

첫째, 인간의 욕구는 규율보다 우선하며 훨씬 중요합니다.(3,4절). 사울 왕에게 쫓겨 하나님의 전에까지 들어간 그들이 배고픔을 견디지 못하여 제사장만이 먹을 수 있는 음식을 먹은 것은 엄연한 규칙 위반이었습니다. 하지만 그들에게 아무런 일도 일어나지 않은 것은, 하나님께서 규칙보다는 인간의 욕구를 훨씬 소중하게 여기시기 때문입니다.

둘째, 성전 안에서의 작업은 용서받습니다(5,6절). 다윗과 그의 하속들이 성전의 음식을 먹어 버림으로써, 그날 제사장은 하나님께 드릴 제물을 다시 차려야 했을 것입니다. 그들이 이런 잘못을 저질렀는데도 심판받지 않은 것은 그것이 성전 안에서 벌어진 일이였기에 용서받을 수 있었던 것입니다.

셋째, 선을 행하는 것은 언제나 정당합니다(7,8절). 예수는 제사보다 자비를 원하시는 분이십니다. 만약 바리새인들의 마음속에 한 줌의 동정심이라도 있었더라면 안식일을 범한 이들을 정죄하기보다 배고파하는 이들을 불쌍히 여겼을 것입니다. 이들은 오히려 제자들에게 음식물을 베풀어 주었어야 했습니다. 선을 행하는 것은 언제나 정당하기 때문입니다.

지금까지 간단하게나마 안식일을 온전히 거룩하게 지키는 교훈을 예수의 말씀을 통해 알아

보았습니다. 물론 이 세 가지 교훈을 이해하게 되었더라도 직접 실천하는 과정에서는 망설이고 주저하게 되는 여러 가지 일들을 만나게 될 것입니다. 그리스도의 장성한 분량에 이르러 온전한 사람이 되는 것조차 곰곰이 생각해 보면 내가 할 수 있는 것이 아니라 하나님께서 이루어 주시는 것입니다(살전5:23,24). 우리는 이러한 확실한 약속을 소망하는 믿음이 우리에게 필요합니다. 이럴 때 나 자신에게 좀더 관대해질 것이고 이 안에 그리스도 안에서 쉼을 얻는 비밀이 있습니다. 예수는 우리가 내던진 짐을 대신 져 주시기 위해 언제나 준비하고 계신 참 고마우신 분입니다.

그런데 우리 인생에 있어서 1주일에 하루만 안식할 수 있는 것이라면 그것은 무슨 의미가 있겠습니까? 안식일이 인생 전체에 어떤 확실한 의미를 담고 있지 못하다면 안식일은 만족스럽지 못하고 무의미할 것입니다. 그러면 안식일이 담고 있는 의미를 좀더 확장하여 봄으로써 안식일이 상징하는 바를 정리해 봅시다.

율법에 정해 놓기를 이스라엘의 모든 사람들은 1년에 적어도 3주일은 휴가를 갖도록 되어있습니다(출23:14~17). 즉 무교절, 맥추절, 수장절인데 각 절기가 1주일씩이니 도합 3주가 됩니다. 또 7년째 되는 해는 안식년으로 쉬도록 되어 있고(출23:10,11), 안식년을 일곱 번째 맞는 다음 해, 즉 50년째 되는 해에는 모든 부동산이 전 소유자에게로 돌아갈 뿐만이 아니라 노예도 해방되었습니다(레25:8~12). 이 해가 바로 희년(Jubilee)입니다. 이러한 절기와 안식년, 희년들을 돌아보면 하나님께서 쉼에 대한 배려가 얼마나 깊으신 지를 헤아릴 수 있습니다.

이제 하나님께서 안식일을 통하여 쉼을 허락하신 이유를 세 가지로 정리해 보고자 합니다.

첫째, 하나님께서는 안식일의 쉼을 통해 나의 주인이시며 창조주이신 하나님을 기억나게 하십니다. 우주와 세상 만물을 만드시고 7일째 되던 날 안식하심으로 영원한 자유와 쉼을 누리도록 우리를 만드신 창조주가 되시며 인도자이신 하나님을 기억하게 하십니다.

둘째, 하나님께서는 안식일을 통하여 노동이 전부가 아니라는 사실을 일깨워 줍니다. 성경은 인생의 끝은 노동이 아니라 영원한 안식이라는 사실을 증언하고 있습니다. 하나님은 6일을 일하시고 7일째 되는 날에 쉬셨습니다. 하나님은 피곤하지 않는 분이므로 쉬는 것도 필요 없으셨으나 마지막 날에는 친히 쉬셨던 이유는 쉼이 과정의 일부분임을 우리들에게 일깨워 주시기 위함이었습니다. 하나님께서 인간을 창조하신 목적은 인간이 모든 것에 자유롭고 모든 것을 즐기며 완전한 쉼을 누리도록 하려는 데 있었습니다.

셋째, 안식일은 그리스도 안에서 주시는 완전한 쉼과 자유를 소망케 합니다. 하나님은 죄의 속박에서 우리를 구해 내셔서 우리로 하여금 그리스도 안에서 자유와 영원한 쉼을 허락해 주셨습니다. 하나님께서 예수님을 우리에게 보내신 것은 죄로 인해 빼앗긴 자유와 쉼을 되찾아 주시려는 데 있었습니다. 안식일은 지금도 우리 마음 속에 영원한 쉼터 하나님 나라에 대한 소망을 계속하여 심어 주고 있는 것입니다.

"여호와는 나의 목자시니 내가 부족함이 없으리로다 그가 나를 푸른 초장에 누이시며 쉴만한 물가으로 인도하시는 도다 내 영혼을 소생시키시고 자기 이름을 위하여 의의 길로 인도하시는 도다"(시편23:1~3).

4. 모둠 만들기 놀이

지도자는 모둠을 손쉽고 자연스럽게 구성하는 지혜가 필요합니다. 마구잡이로 모둠을 나누게 되면 참가자들은 불평하기 쉽습니다. 첫 모임에서도 누구나 함께 하고 싶은 마음이 끌리는 사람이 있는 반면, 감정적으로 내키지 않는 사람이 있습니다. 그러므로 지도자는 모둠의 분위기를 종합적으로 판단하여 의도성이 없으면서도 자연스럽게 누구나 수긍할 수 있는 방향으로 모둠을 구성하십시오. 여기에 모둠을 만드는 데 도움이 되는 활동들을 소개합니다.

꿩 먹고 알 먹고 (2.43)

- **인원** : 20~40명
- **준비물** : 사탕과 과자(인원 수만큼), 커다란 종이봉투, 신문지, 2~3미터 길이의 막대기
- **소요시간** : 10~15분
- **모둠의 형태** : 전체 모둠
- **물리적 환경** : 참가자들이 자유롭게 돌아다니면서 활동할 수 있을 만한 크기의 방

모임을 시작하기 전에 참가 인원 수만큼의 사탕이나 과자를 넣은 커다란 종이봉투를 준비하여 2미터 정도 길이의 나무 끝에 실로 매달아 놓습니다. 이때 사탕이나 과자는 나누고자 하는 모둠 수만큼의 모둠 이름을 적어 놓은 종이로 일일이 싸 둡니다. 지도자 또는 자원하는 한 사람이 종이봉지를 매단 막대기를 들고 있도록 합니다.

그리고 나서 한 사람을 불러내어 눈가리개를 하고 신문지를 말아서 만든 종이 몽둥이를 휘둘러서 종이봉지를 터뜨리도록 합니다. 몽둥이에 맞아서 종이봉지가 찢어지면 안에 들어있던 과자, 사탕들이 쏟아지겠지요. 그 순간 주위에 둘러있던 사람들은 달려가서 한 개씩 주워서 사탕(과자)을 싼 종이를 까서 어떤 글이 써 있는지를 읽고 그 자리에서 크게 외칩니다. 모두 모인 모둠은 "만세"하고 외치도록 합니다. 단순히 모둠 이름을 적어 놓기보다는 동요 제목을 적어서 큰 소리로 외쳐 부르도

록 할 수 있습니다.

 이 놀이는 짝짓기에도 좋습니다. 즉 나무꾼과 선녀, 견우와 직녀, 로미오와 줄리엣, 찡구와 짱구, 콩쥐와 팥쥐 등에서 한 가지씩 이름을 적어 남녀가 한 장씩 주워서 자기 짝을 목놓아 찾도록 해 보세요.

탑 쌓기로 짝짓기(2.44)

- 인원 : 20~40명
- 준비물 : 없음
- 소요시간 : 10~15분
- 모둠의 형태 : 전체 모둠
- 물리적 환경 : 참가자들이 자유롭게 돌아다니면서 활동할 수 있을 만한 크기의 방

 모두 둥글게 둘러서서 함께 노래를 부르며 돌다가 지도자가 "두 사람이 다리 한 개"하고 외치면 사람들은 두 사람씩 짝을 지어서 두 다리만 땅바닥에 닿게 섭니다. 그러니까 두 사람이 한 발씩 들고 있거나, 아니면 한 사람이 자기 짝을 업고 있으면 되겠지요.

 이 놀이는 그리 간단하지 않습니다. "두 사람이 다리 한 개", "세 사람이 다리 두 개"에서 시작하여 "다섯 사람이 다리 네 개" 등 무궁무진하지요. 이렇게 하다 보면 친구들은 순식간에 친해지게 된답니다.

다리 더듬기(2.45)
- **인원** : 20~40명
- **준비물** : 눈가리개(인원 수만큼)
- **소요시간** : 10~15분
- **모둠의 형태** : 전체 모둠
- **물리적 환경** : 참가자들이 자유롭게 돌아다니면서 활동할 수 있을 만한 크기의 방

참가자들은 앉아 있는 순서대로 1에서 4번을 반복하여 부르도록 하고 1번 사람들은 왼쪽 바지를 무릎까지 거둬 올리고, 2번 사람들은 오른쪽 바지를 걸어 올리고, 3번 사람들은 왼쪽 양말을 벗고, 4번 사람들은 오른쪽 양말을 벗도록 합니다. 양말을 신고 있지 않은 사람들은 아예 신발을 벗도록 하세요. 그런 다음 사람들은 모두 눈가리개를 하고 그 자리에서 3번 돕니다.

시작이 되면 사람들은 기어 다니면서 다른 사람들의 발을 더듬어서 자기 모둠 사람들을 찾아 나섭니다. 이렇게 하다가 자기 모둠 사람을 찾으면 그들은 손을 붙잡고 다니다가 손으로 머릿수를 세어서 다 찾은 모둠은 "찾았다"라고 소리 지르면서 그 자리에 모여 앉도록 하십시오.

끼리끼리(2.46)
- **인원** : 20~50명
- **준비물** : 없음
- **소요시간** : 10~15분
- **모둠의 형태** : 전체 모둠
- **물리적 환경** : 참가자들이 자유롭게 돌아다니면서 활동할 수 있을 만한 크기의 방

큰 모임에서 자연스럽게 모둠을 나눌 수 있는 놀이입니다. 지도자는 참가자들에게 1, 2월달에 생일이 들어 있는 사람들에게 "손이 꽁꽁꽁 발이 꽁꽁꽁"노래를 정해주고, 3, 4월달 사람들에게는 "봄이 왔네 봄이 와"노래를, 5, 6월달 사람들에게는 "날아라 새들아 푸른 하늘을", 7, 8월달은 "앞으로 앞으로" 노래를, 9, 10월달 사람들에게는 "가을이라 가을 바람 솔솔 불어오니"를, 마지막으로 11, 12월달 사람들에게는 "펴얼 펄 눈이 옵니다"노래를 정해 줍니다. 이때 노래 선정은 누구나 다

알고 있는 노래를 선택하십시오.

 자, 이젠 눈 깜짝할 새에 아수라장이 될 것입니다. 모두가 자리에 일어나서 눈을 감도록 합니다. 그런 다음 큰 소리로 노래를 불러서 눈을 감고 돌아다니면서 같은 노래를 부르는 사람들을 찾아 손을 잡고 끼리끼리 모여 앉도록 합니다. 목소리가 작으면 다른 사람들 소리에 잠기게 되므로 목청이 찢어지지 않을 만큼 큰 소리로 외치도록 하세요. 눈가리개 없이 눈을 감고 다니도록 하는 것은 조금은 어색하므로 눈을 뜬 채로 할 수도 있습니다.

온몸으로 인사해요(2.47)

- 인원 : 20~40명
- 준비물 : 없음
- 소요시간 : 15~20분
- 모둠의 형태 : 전체 모둠
- 물리적 환경 : 전체 모둠이 몸 작업을 하기에 충분히 넓은 방(의자는 모두 치워 두십시오.) 또는 야외

이 놀이는 처음 만난 사람들이 순식간에 친해지고 긴장을 푸는 데에 위력을 발휘합니다. 모든 참가자들이 둥글게 둘러선 다음 지도자는 "여러분 정말 반갑습니다. 오늘 이 모임에 참석해 주셔서 모두를 대신하여 감사드립니다. 자, 이제 서로 인사를 나누어 봅시다. 그런데 이번에 인사는 좀더 색다른 방법으로 하겠습니다. 제가 '머리 그리고 여섯' 이라고 외치면 여러분은 주위의 사람들에게 다가가서 서로 머리를 맞대십시오. 그리고 숫자는 여섯 사람을 뜻하므로 여섯 사람들과 머리를 맞대며 인사를 나누도록 하십시오. 자, 아시겠지요. 이제 시작하겠습니다."라고 합니다. 참가자들은 함께 노래를 부르면서 빙빙 돌다가 지도자가 알려주는 대로 주위 사람들과 빨리 짝을 짓도록 합니다. 예를 들어서 "무릎, 넷", "코, 다섯" "등, 일곱"하는 식으로 진행하는데 한 번 만난 사람들과는 헤어져서 다른 사람들과 짝을 짓도록 하십시오.

마지막으로 나누고자 하는 모둠 수만큼의 인원을 부르세요. 같은 방식으로 숫자를 달리하여 계속 해 봅시다. 지도자는 단순히 숫자만을 부르지 말고 "같은 색깔의 양말끼리 모이십시오"라거나 "생일이 같은 달에 있는 사람들끼리 모이십시오"하는 식으로 바꾸어 하면 더욱 흥미진진해집니다.

▷ **모둠원의 능동적 참여를 촉진하는 지혜:**

함께 큰 원을 만들고 부르는 노래는 '둥글게 둥글게' 가 적절합니다. 이 노래를 부를 때 목소리도 크고 동작선도 요란하게 할 필요가 있습니다. 참고로 '둥글게 둥글게' 노래를 율동과 함께 부르는 것을 설명해 드리겠습니다.

둥글게 둥글게 '야!' (시계 반대 방향으로 걸어가다가 '야!' 하고 외칠 때 왼발을 높이 들어 올립니다)
둥글게 둥글게 '야!' (시계 방향으로 걸어가다가 '야!' 하고 외칠 때 오른 발을 높이 들어 올립니다)
빙글빙글 돌아가며 춤을 춥시다(양 옆사람들과 잡은 손을 놓고 그 자리에서 돌면서 춤을 춥니다)
노래를 부르며 '야!' (양 옆사람들과 다시 손을 잡고 중앙으로 걸어갑니다)
손뼉을 치면서 '야!' (뒷걸음질로 돌아갑니다)
랄라랄라 즐거웁게 춤추자(양 옆사람과 손을 놓고 그 자리에서 돌면서 다시 춤을 춥니다).
지도자는 노래 중간에 아무 때나 노래 부르기를 중단하고 짝 짓기를 주문하십시오.

암호문을 찾아라(2.48)

- **인원** : 20~40명
- **준비물** : 20자 정도의 글을 적은 종이를 6-8조각으로 나눈 암호문(모둠 수만큼)
- **소요시간** : 15~20분
- **모둠의 형태** : 전체 모둠으로 시작하여 6-10명의 여러 모둠으로 진행합니다.
- **물리적 환경** : 전체 모둠이 움직이기에 충분히 넓은 방(의자는 모두 치워 두십시오.)

참가자들이 도착하는 대로 암호문을 적은 쪽지를 한 장씩 나누어 주십시오. 암호문은 미리 준비해 두어야 하는데 20자 내외로 된 여러 문장을 각각 1~6조각으로 찢어 놓으십시오. 이때 가위로 자르지 말고 손으로 찢는 것이 좋습니다. 시작이 되면 사람들은 각자 자기 암호문의 내용을 소개하며 나머지 사람들을 찾아야 하는데 내용만으로는 혼동이 있을 수 있으므로 찢겨진 부분을 맞추어 보아서 자기 모둠원인지 아닌지를 확인해 보도록 하세요. 모든 사람들이 자기 모둠을 찾은 다음에는 암호문을 소개하는 시간을 갖습니다.

조각의 수는 나누고자 하는 모둠의 인원 수만큼 만드십시오. 예를 들어 8명씩 모둠을 구성하고자 하면 8조각으로 만들면 됩니다.

놀이에 대한 생각 〈일곱〉

처음에 하나님께서 세상을 창조하시던 첫째 날, 빛을 만드시면서 "……그 빛은 하나님이 보시기에 좋았다"(창1:4)고 하였습니다. 이어서 바다, 하늘, 땅과 각종 식물들, 곤충, 날짐승과 동물, 물고기, 해와 달을 만들어 내실 때도 매번 기뻐하셨습니다(창1:10,12,21,22,31).

하나님께서 인간을 만드실 때는 당신이 친히 흙으로 사람 형상을 빚어서 그 코에 생기를 불어 넣으셨습니다(창2:7-8). 진흙으로 당신을 빼닮은 인간을 만드시던 하나님의 모습은 마치 진흙을 가지고 노는 어린아이 같아 보입니다. 하나님께서 아담과 하와에게 "생육하고, 번성하여 이 땅을 정복하라"고 하시면서 이들이 세상 만물들의 이름을 일일이 짓는 모습을 주목하여 보시던 모습은 사뭇 흥미롭습니다.

> 하나님께서 인간을 만드신 목적이 무엇인지 궁금합니다. 예수원의 대천덕 신부는 이에 대해 성경은 명확하게 언급하고 있지 않다고 하였습니다. 하지만 그는 "우리가 보고 들은 바를 너희에게도 전함은 너희로 우리와 사귐이 있게 하려 함이니 우리의 사귐은 아버지와 그 아들 예수 그리스도와 함께 함이라"(요한일서 1장 3절)에서 인간을 창조하신 하나님의 심정을 이해할 수 있다고 하였습니다.
>
> 그분의 이러한 뜻은 아담에게 하와를 만들어 주신 데에서도 헤아릴 수 있습니다. 하나님은 홀로 외롭게 지내는 아담이 안쓰러워 아담이 깊이 잠든 때 그의 갈비뼈를 취하여 짝을 만들어 주셨습니다. 사귐을 소중하게 생각하시는 하나님은 우리와 사귀며 즐기기 위하여 인간을 창조하신 것입니다.

난장판(2.49)

- **인원** : 20~40명
- **준비물** : 모둠 수만큼의 노래제목을 적은 쪽지
- **소요시간** : 15~20분
- **모둠의 형태** : 전체 모둠으로 시작하여 6-10명의 여러 모둠으로 진행합니다.
- **물리적 환경** : 전체 모둠이 움직이기에 충분히 넓은 방(의자는 모두 치워 두십시오.)

참가자들에게 노래 제목을 한 가지씩 적어놓은 쪽지를 한 장씩 나누어 주십시오. 이때 노래의 수는 나누고자 하는 모둠 수만큼 정하며, 한 모둠의 인원 수만큼의 쪽지에는 같은 노래제목을 적습니다. 이 쪽지는 자기만 볼 수 있으며 다른 사람들에게 보여 주지 않도록 하십시오. 쪽지를 나누어 줄 때는 쪽지를 마구 뒤섞어 놓아서 같은 노래 쪽지가 한쪽에 뭉쳐있지 않도록 주의합니다.

시작이 되면 참가자 전원은 목청이 터져라 노래를 불러서 같은 노래를 부르는 사람을 찾아 어깨동무를 하고 다 찾으면 그 자리에 앉습니다. 이런 방법으로 여러 번 계속해 보세요.

이 놀이는 저녁 시간에 깜깜한 어둠 속에서 하면 더욱 재미있습니다. 쪽지를 모든 사람들에게 한 장씩 나누어 준 다음에 소등을 하여 깜깜한 어둠 속에서 소리소리 지르며 같은 노래를 부르는 동료를 흑암 속에서 찾아보는 겁니다.

조각난 사진 맞추기(2.50)

- **인원** : 20~40명
- **준비물** : 만화나 인물사진을 복사한 종이(모둠 수만큼), 편지봉투(인원 수만큼)
- **소요시간** : 15~20분
- **모둠의 형태** : 전체 모둠으로 시작하여 6~8명의 여러 모둠으로 진행합니다.
- **물리적 환경** : 전체 모둠이 움직이기에 충분히 넓은 방(의자는 모두 치워 두십시오.)

지도자는 만화나 잡지에서 그림 또는 사진을 찾아서 나누고자 하는 모둠 수만큼 복사해 두십시오. 예를 들어서 4개의 모둠으로 나누려면 만화를 네 가지 복사하여서 8조각으로 찢으면 8명으로 구성된 네 개의 모둠을 구성할 수 있습니다. 편지봉투에 한 조각씩 넣어 두고 참가자들이 도착하는 대로 한 장씩 나누어주십시오.

시작이 되면 참가자들은 각자 봉투에서 조각을 꺼내어 다른 사람들의 조각과 맞추어서 자기 모둠 사람들을 찾아다니도록 하십시오. 다른 사람들과 조각을 맞추어 보는 것 외에는 말을 해서는 안 됩니다. 이렇게 하여 조각을 모두 맞춘 모둠은 그 자리에서 "와아"하고 환호하도록 하십시오.

놀이에 대한 생각 〈여덟〉

1990년 나는 아내와 두 아이들과 함께 미국 위스컨신주의 웨스트보로(Westboro)라는 시골에서 크리스천 캠핑을 공부하고 있었습니다. 그때 친구인 Bruce Seymour 목사에게서 들은 이야기를 함께 나누고자 합니다.

시모어 목사는 경건하기 그지없는 선배 목사 한 분을 알고 있었습니다. 그는 일년 내내 쉬지 않고 목회에 전념하는 그 목사님이 존경스럽다가도 도무지 이해가 되지 않더랍니다. 그래서 하루는 그 선배 목사에게 "저…, 목사님! 목사님께서는 어쩌면 그렇게 한 번도 쉬지 않고 부지런할 수 있습니까? 목회도 중요하지만 쉬엄쉬엄 하세요."라고 권면했다고 합니다.

이 말을 듣자 그 목사는 정색을 하고 이렇게 대답했다고 합니다.

"여보게! 아니 목사인 자네가 그런 말을 어떻게 한단 말인가. 사탄은 일년 내내 한 순간도 쉬지 않고 일하는데 하나님의 종인 내가 쉬면서 일해서야 되겠는가? 그래서 나는 잠시라도 쉴

수가 없다네."

  친구인 시모어 목사는 이런 대답을 듣고 나서 선배 목사에게 이렇게 되물었다는군요.

  "아니, 목사님께서는 어떻게 사탄의 법칙을 따른단 말입니까? 하나님의 법을 따라야죠!"

  백번 지당한 말입니다. 그리스도인들 중에도 하나님의 법을 따르지 않고 살아가는 사람이 적지 않습니다. 신앙생활을 노동하듯이 하는 경건한 그리스도인들이 우리 주위에는 얼마나 많은지요. 예수께서 우리들에게 진리를 가르쳐 주신 것은 우리가 모든 것으로부터 자유로워지기를 원하기(요8:32) 때문인데도 과연 우리는 지금 자유인답게 참평안과 안식을 누리고 살고 있는 것일까요? 우리나라 직장인들의 상당수가 일중독자(workaholic)라는데 교회 안에도 힘겹게 신앙생활하는 신앙 중독자가 적지 않습니다. 사도 바울이 믿음으로 구원받고 나서 율법에 다시 얽매이는 갈라디아지방의 그리스도인들에게 그토록 통렬히 꾸짖었던 것도 이런 이유에서였습니다(갈3:1). 이들을 구원하신 하나님께서는 이들에게 참평안과 자유함을 즐길 수 있는 특권을 주셨는데도, 율법에 매여 어렵사리 살아가는 이들을 볼 때 하나님께서도 사도 바울 이상으로 얼마나 답답해 하실까 상상해 봅니다.

5. 실내 놀이

이웃을 사랑하십니까?(1.12)
- **인원** : 15~30명
- **준비물** : 의자 또는 방석(인원 수만큼)
- **소요시간** : 15~20분
- **모둠의 형태**: 전체 모둠
- **물리적 환경** : 참가자들이 둥글게 의자에 둘러앉을 만한 크기의 방

원대형으로 의자를 둘러 놓고 참가자 전원이 앉습니다. 술래 한 사람을 정하여 원 안으로 들어가 있고 그가 앉았던 의자는 밖으로 빼내 버립니다. 시작이 되면 술래는 자유롭게 돌아다니다가 한사람에게 다가가서 "당신은 정말로 이웃을 사랑하십니까?"하고 물어봅니다. 이때 질문을 받은 사람이 "아니요"라고 대답하면 양 옆에 있는 두 사람은 성급히 자리를 바꾸어 앉아야 합니다. 이때 술래는 두 자리 중에서 한 자리를 빼앗아 앉을 수 있습니다. 결국 자리를 차지하지 못한 사람은 다시 술래가 되는 것이지요.

술래의 질문을 받은 사람이 "예"하고 일단 대답한 다음 "그렇지만 나는 빨간 양말을 신은 사람들을 싫어해요(예)"라고 한다면 빨간 양말을 신은 사람들은 누구나 일어나서 자리를 옮겨 앉아야 합니다. 이때도 술래는 잽싸게 한 자리를 차지하고 새 술래가 놀이를 계속합니다.

당신의 첫인상(2.51)
- **인원** : 6~40명
- **준비물** : 활동용지와 4절지(인원 수만큼), 크레파스, 스카치테이프
- **소요시간** : 20~30분
- **모둠의 형태** : 전체 모둠으로 하다가 6~10명의 여러 모둠으로 나누어서 진행합니다.

■ **물리적 환경** : 여러 모둠이 서로 방해가 되지 않을 정도로 떨어져서 활동할 수 있는 크기의 방

모둠원(인원 수는 제한 없음)들에게 활동용지를 나누어주고 자신의 장점과 단점을 5가지씩 적어 보도록 합니다. 그리고 모든 참가자들에게 다시 크레파스와 4절지 종이 한 장씩 나누어 주십시오. 참가자는 그 종이를 등에 붙이십시오. 참가자들은 각자 돌아다니면서 만나는 사람과 인사를 나눈 다음 그 사람의 등에 붙어 있는 종이에 그 사람에게서 받은 자신의 느낌과 인상을 한 단어씩 교대로 적도록 합니다. 이때 장난스럽게 하거나 다른 사람의 약점을 들추어내는 일이 없도록 하십시오. 이 렇게 5~10분 정도 시간이 지나면 등에 붙어있는 종이를 떼어서 6~10명씩 모둠으로 나누어 자기 종이에 적힌 단어들을 읽어보고 이에 관해 이야기를 나누어 봅시다.

나의 장점	나의 단점
1	
2	
3	
4	
5	

뺑뺑이 성경퀴즈(2.52)

- ■ **인원** : 4~10명
- ■ **준비물** : 뺑뺑이와 화살(그림 참조), 전지, 사인펜
- ■ **소요시간** : 15~20분
- ■ **모둠의 형태** : 2~5명으로 구성된 두 모둠
- ■ **물리적 환경** : 참가자들이 자유롭게 활동할 수 있는 크기의 방

지도자는 사전에 코르크판으로 직경 40~50cm정도의 뺑뺑이, 화살, 그리고 문제를 적을 종이(1

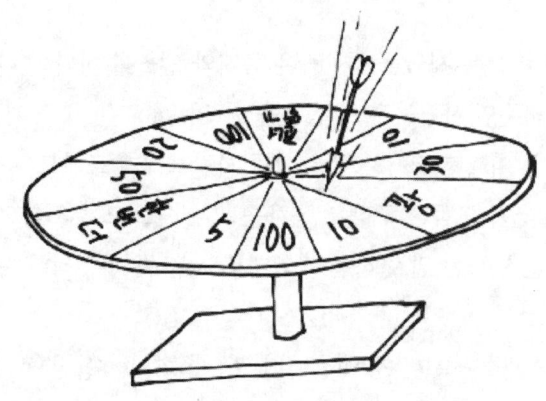

절지)나 칠판을 준비해 두십시오. 뺑뺑이는 12등분하여서 12조각에 각각 다른 점수를 정하여 적도록 하십시오. 3점, 5점, 10점, 20점, 30점, 50점, 100점 등을 자유롭게 정하고 이밖에 꽝, 한 번 더, 건너뛰기 등과 같이 재미있는 내용을 정하여 12조각에 한 가지씩 적습니다. '꽝'은 지금까지 따놓은 점수를 모두 잃어버리는 끔찍한 경우이고, '한 번 더'는 보너스로 말 그대로 한 번 더 하도록 하며, '건너뛰기'가 걸렸을 경우에는 한 번 쉬어야 합니다.

놀이 순서는 두 모둠이 교대로 뺑뺑이에다 화살을 던져서 점수를 알아본 다음 문제를 알아 맞추도록 합니다. 가령 500점 짜리에 화살을 맞추었다고 합시다. 그렇다고 500점을 거저 얻는 것이 아니라 칠판이나 전지에 씌여 있는 글자를 알아 맞추었을 경우에 비로소 점수를 얻게 되는 것입니다. 예를 들어서 문제가 '베드로의 눈물' 이엇을 경우에 문제는 ㅁ ㅁ ㅁ ㅁ ㅁ의 ㅁ ㅁ ㅁ ㅁ ㅁ(ㅂㅔ ㄷㅡ ㄹㅗ의 ㄴㅜㄴㅁㅜㄹ)인데 'ㅜ'라고 하면 두 개를 맞추게 되므로 점수는 500점 짜리 두 개 즉 1,000점이 되는 것입니다. 이렇게 하여 문제를 전부 맞출 때까지 계속하십시오.

일등 요리사 (2.53)

- **인원** : 10~30명
- **준비물** : 쪽지와 연필(인원 수만큼)
- **소요시간** : 15~20분
- **모둠의 형태** : 5~8명으로 구성된 여러 모둠
- **물리적 환경** : 참가자들이 모둠별로 모여서 함께 활동할 수 있는 크기의 방

5~8명씩 모둠을 나누고 모든 사람들에게 작은 쪽지와 연필을 하나씩 나누어주십시오. 지도자가 음식 이름을 한 가지 알려주면 사람들은 그 음식을 만드는데 드는 재료 가운데 한 가지만을 생각해서 쪽지에 적도록 합니다. 이때 지도자는 같은 모둠 사람들에게 조차도 쪽지를 서로 보여주지 않도록 합니다. 기록을 마치면 각 모둠의 주장은 쪽지를 모두 모으고 순서를 정하여 발표를 합니다. 요리라고 해야 재치 있게 군침 도는 말로 하는 것인데 요지는 쪽지에 적힌 재료만을 사용해야 한다는 점입니다.

예를 들어서 '잡채'를 만들도록 한 경우에 어떤 조는 쪽지에 "당면"을 쓴 사람이 다섯 사람이고 한사람만이 '홍당무'라고 적었다면, 당면을 두리뭉실 한꺼번에 사용할 수 없고 한 번은 지지고, 다음에는 기름에 볶고, 뜨거운 물에 데치고, 더운 물에 불리고, 하는 식으로 다섯 번을 일일이 거명해야 합니다. 심사의 기준은 적절한 재료를 기록한 데에 두기보다 어느 모둠이 가장 먹음직스럽게 은혜롭게(?) 설명하였는가에 두도록 합니다. 하다보면 잡채를 만들어야겠는데 재료가 온통 잡채뿐인 경우, 볶음밥에 쌀이 없는 경우 등 엉뚱하고 난처한 경우들이 가끔 발생하게 되어 한바탕 웃음바다를 만들게 될 것입니다.

유언비어(2.54)
- **인원** : 10~40명
- **준비물** : 없음
- **소요시간** : 20~30분
- **모둠의 형태** : 전체 모둠
- **물리적 환경** : 참가자들이 둥글게 둘러앉을 만한 크기의 방

4, 5명을 방 밖으로 내보낸 다음 잠시 후 한 사람(술래)만 방으로 들여보내고 어느 한 사람이 꾸며낸 신나고 짧은 이야기를 그 술래에게 들려 줍니다. 이야기는 듣는 사람이 상상의 나래를 펼 수 있도록 하는 내용을 준비하십시오.

이야기를 들은 첫 번째 술래는 두 번째 술래를 방 안으로 모시고 들어와 그 이야기를 반복하여 들려 줍니다. 아마도 어느 정도는 내용이 달라졌을 것입니다. 이렇게 마지막 술래에게까지 같은 방법으로 반복한 다음 마지막 술래에게 들은 이야기를 발표해 보도록 하십시오.

그런 다음 한 사람이 첫 번째 술래에게 들려준 진짜 이야기(원본)를 들려줌으로써 무엇이 얼마나 많이 틀려졌는지 확인해 봅시다. 녹음기가 있으면 첫 번째 술래에게 녹음된 원래의 이야기를 녹음기로 들려줄 수도 있습니다.

하나님을 기억하세요(2.55)

- **인원** : 10~30명
- **준비물** : 놀이용지와 연필(인원 수만큼)
- **소요시간** : 15~20분
- **모둠의 형태** : 전체 모둠
- **물리적 환경** : 참가자들이 둥글게 둘러앉을 만한 크기의 방

	꽃	성서인물	곤충	물고기	동물
ㄱ					
ㅂ					
ㅇ					
ㅅ					
ㅈ					

예)

	꽃	성서인물	곤충	물고기	동물
ㄱ	과꽃	골리앗	개미	고등어	고릴라
ㄷ	달맞이꽃	다니엘	달팽이	다랑어	다람쥐
ㅂ	베고니아	베드로	불개미	뱀장어	방울뱀
ㅅ	사루비아	사울	송충이	숭어	사자
ㅇ	연꽃	야고보	여치	잉어	얼룩말

참가자 전원에게 연필과 용지를 각각 한 개씩 나누어 주십시오. 그런 다음 3~4분가량 시간을 주고 사람들이 빈칸을 채우도록 합니다. 이때 옆 사람이 쓴 내용을 보지 않도록 당부하고 사물의 종류는 흔한 것 보다는 색다르고 희귀한 사물을 생각해내어 적는 것이 유리하다는 점을 알려 주십시오. 빈칸을 모두 채우면 돌아가면서 첫 칸부터 기록한 내용을 읽도록 하는데 이때 자기 외에 아무도

적지 않은 경우에는 3점을 얻게 되고, 같은 내용을 적은 사람이 한 사람 있을 때는 2점, 그리고 2사람 이상인 경우에는 1점만 얻게 됩니다. 흔한 물건(사물)인 경우에는 점수가 적고, 독특한 물건이어서 다른 사람들이 적지 않은 희귀한 물건일수록 점수는 당연히 많게 되지요. 이렇게 마지막 사물까지 알아보고 누가 가장 많은 점수를 얻었는지 알아봅니다. 참고로 참가자들이 생각나는 대로 기록할 수 있도록 하기 위해 기록하는 시간을 짧게 주는 것이 바람직합니다. 참가자들이 많은 경우에는 3~4명씩 모둠을 갈라서 진행하면 더욱 박진감 넘치게 진행할 수 있습니다.

공은 누구에게로?(2.55)
- **인원** : 10~20명
- **준비물** : 고무공
- **소요시간** : 15~20분
- **모둠의 형태** : 전체 모둠
- **물리적 환경** : 참가자들이 둥글게 둘러앉을 만한 크기의 방

이 놀이는 이미 잘 알려진 '하늘, 땅, 바다' 놀이에 공을 덧붙인 놀이입니다. 먼저 참가자들은 지도자를 중심으로 원 또는 반원을 만들어 위치를 정합니다. 그런 다음 지도자는 공을 가지고 있다가 하늘, 땅, 바다 중 한 가지를 이야기하면서 어느 한 사람에게 공을 던집니다. 그러면 공을 받은 사람은 지도자가 말한 지역(하늘, 땅, 바다 중에서)에 사는 동물을 한 가지씩 말해야 합니다. 대답을 한 사람은 다시 공을 지도자에 던져주면 되지만 다섯을 셀 동안도 이야기를 하지 못하면 그 모둠은 벌점을 받게 됩니다.

아리송(2.55)
- **인원** : 10~20명
- **준비물** : 없음
- **소요시간** : 15~20분
- **모둠의 형태** : 같은 인원수로 구성된 두 모둠

■ **물리적 환경** : 두 모둠이 서로 마주보고 서도록 합니다.

두 모둠으로 나누고 3m정도 떨어져서 모둠별로 마주보고 정렬합니다. 주장이 한 사람씩 나와서 위장 모둠과 탐색 모둠 중에서 하나씩 정하도록 합니다. 결정이 되면 탐색 모둠 사람들은 위장 모둠 사람들의 모습을 샅샅이 관찰하여 두어야 합니다. 즉 상대방의 옷, 반지를 낀 상태, 양말 색깔 등과 같은 것들을 상세히 관찰한 다음 서로 등을 대고 돌아서도록 합니다.

이때 위장 모둠의 주장은 자기 모둠 사람들 중에 한 사람을 정하여 모습을 살짝 바꾸도록 합니다. 예를 들어서 시계를 바꾸어 차거나, 반지를 다른 손가락에 끼는 식으로 눈치 채지 못하도록 바꾸는 것입니다. 제한시간은 1분정도가 적당하며 준비를 마치면 두 모둠은 다시 뒤돌아 마주보고 서서는 탐색 모둠 사람들 중 누구의 모습이 어떻게 바뀌었는지 알아맞히도록 하는데 모둠원들은 충분히 의견을 나눈 다음 주장이 최종적으로 답하도록 하십시오. 정답을 맞추게 되면 두 모둠은 역할을 바꾸어서 해 보고 그렇지 못한 경우에는 한 번 더 해 봅니다.

숨어있는 동전(2.56)

- **인원** : 10~20명
- **준비물** : 동전 1, 2개
- **소요시간** : 15~20분
- **모둠의 형태** : 전체 모둠
- **물리적 환경** : 참가자들이 둥글게 둘러앉을 만한 크기의 방

참가자들은 모두 둥글게 둘러앉고 술래 한 사람을 정하여 원 중앙에 서게 합니다. 술래가 잠시 눈을 감고 있는 동안 어느 한 사람에게 동전(또는 조약돌)을 살짝 전해주면 그 사람은 주먹에 쥐고 감추도록 합니다. 그리고 전원이 팔을 쭉 펴서 무릎 위에 놓도록 함으로써 누가 동전을 쥐고 있는지 술래가 눈치 채지 못하도록 합니다. 술래가 눈을 뜨면 놀이가 시작되는데 동전을 쥐고 있는 사람은 술래가 눈치 채지 못하도록 옆 사람에게 동전을 건네 줍니다. 이때 다른 사람들도 마치 자기가 동전을 쥐고 있거나 받는 것처럼 속임 동작을 하여서 실제로 동전을 가진 사람이 붙잡히지 않도록 도와주십시오. 술래에게는 세 번의 기회가 주어지는데 모두 실패하게 되면 하면서 즐겁고 보는 사람은

더 즐거운 벌을 내리십시오.

    참가자 수가 많은 모둠(20명 내외)에서는 동전을 손에 감추고 은밀히 옆 사람에게 넘겨 주지 않고 좌우 옆 사람에게 던져주도록 하면 더욱 박진감이 넘칩니다. 이 경우에는 위험이 따르지만 동전을 바로 옆 사람에게만 건네주지 않아도 됩니다. 즉 원 중앙에 있는 술래의 눈을 피해서 건너편 사람에게 동전(또는 조약돌)을 던져 줄 수도 있다는 것입니다. 술래가 동전을 가진 사람을 발견하면 동전을 던진 사람이 잡히게 되고 그 사람은 다시 술래가 됩니다. 모둠의 크기에 따라 동전을 1-2개 더 사용할 수 있습니다.

쪼로록(2.57)

- **인원** : 10~20명
- **준비물** : 가운데 구멍이 뚫린 엽전(또는 나사 넛트), 실
- **소요시간** : 15~20분
- **모둠의 형태** : 전체 모둠
- **물리적 환경** : 참가자들이 둥글게 둘러앉을 만한 크기의 방

〈숨어있는 동전〉놀이와 비슷한 놀이입니다. 다만 동전을 사용하는 대신 가운데 구멍이 뚫린 엽전을 사용하는 것이 다릅니다. 구멍에 기다란 실을 꿰어 실 양끝을 묶는데 실의 길이는 놀이에 참가한 사람들이 원대형으로 둘러앉은 상태에서 전원이 양손에 실을 붙잡고 있을 수 있는 만큼이면 됩니다.

    술래 한 사람이 원 중앙에 서고 한 사람이 실에 꿰어있는 엽전을 술래가 알아채지 못하도록 주먹에 쥐고 있도록 합니다. 시작이 되어서 사람들은 원 중앙에 서있는 술래가 볼 수 없도록 조심조심 옆 사람에게 동전을 계속 이동시키면 술래는 반대로 엽전을 가지고 있는 사람을 찾아내야 합니다. 동전을 이동하는 방법은 한쪽 손을 들어서 엽전이 실을 타고 다른 손 또는 옆 사람의 손으로 굴러 내려가도록 하십시오. 긴박감을 더하기 위해서 모둠의 크기에 따라 엽전을 1-2개 더 사용할 수 있습니다.

사치기사치기사뽀뽀(2.58)

- **인원** : 10~20명
- **준비물** : 없음
- **소요시간** : 15~20분
- **모둠의 형태** : 전체 모둠
- **물리적 환경** : 참가자들이 둥글게 의자에 둘러앉을 만한 크기의 방

〈사치기사치기사뽀뽀〉는 우스꽝스러운 동작으로 즐기는 놀이입니다. 우선 둥글게 둘러 앉은 다음 술래 한 사람을 정하여 원 중앙에 서게 합니다. 술래에게 잠시 눈을 감도록 한 다음 어느 한 사람부터 술래가 눈치채지 못하도록 동작을 시작할 사람을 정합니다. 나머지 사람들은 그 술래를 빤히 쳐다보면 술래가 누구인지를 금세 눈치채므로 조심스럽게 그 사람의 동작을 계속 따라 하십시오.

　시작이 되면 사람들은 '사치기사치기사뽀뽀'를 모두 함께 외치면서 그 사람의 동작을 계속 따라 하십시오. 자 이제 술래는 눈을 뜨고 누구로부터 동작이 시작되는지 그 사람을 찾아내도록 하십시오. 동작을 시작하는 사람은 계속 다른 동작으로 바꾸어서 하기 바랍니다. 쉽게 들통나지 않으려면 선이 굵고 큰 동작이 안전합니다. 이렇게 하다가 술래가 제대로 잡으면 잡힌 그 사람이 술래가 됩니다.

놀이에 대한 생각 〈아홉〉

아프리카 깊은 정글에서 한 탐험가가 겪었던 일입니다. 갑자기 여행을 떠나야 할 일이 생긴 탐험가는 그 지역에 정통한 원주민들과 함께 출발하게 되었답니다. 사흘 동안 열심히 달려서 꽤 먼 거리를 이동한 그는 안심하고 잠이 들었습니다.

그런데 다음 날 아침 이상한 일이 벌어졌습니다. 원주민들은 떠날 생각이 전혀 없는 듯이 널부러진 자세로 누워서 잡담을 나누고 있었습니다. 다급해진 탐험가는 한 원주민에게 '왜 그러고 있느냐?'고 물어보았습니다. 그랬더니 그는 정색을 하며 '지난 사흘 동안 너무 빨리 달려왔기 때문에 혼이 자기 몸에 아직 들어오지 않아서 올 때 까지 기다려야 한다'고 하더랍니다.

이 글을 읽으면서 나는 '정신 나갔다'라든가 '정신이 든다'는 우리말이 떠올랐습니다. 선조들은 육체적인 피로가 극에 달하면 몸에서 정신이 빠져 나간다고 본 듯 합니다. 그러다가 푹 쉬면 정신이 몸으로 다시 돌아와서 제 정신이 든다고 보았던 것 같습니다. 몸에서 영혼이 들락날락하는 것은 사실과는 다를 것입니다. 하지만 우리 선조들은 육체적으로 극심한 피로는 영혼에도 즉각적인 영향을 미쳐서 부조화 현상을 일으킨다는 사실을 알고 있었습니다.

기독심리학자인 네레모어(Clyde M.Narremore)는 사람을 이루는 영과 혼과 몸(살전5:23) 이 세 영역은 독립적으로 존재하지 않고 서로 중첩되어 있어서 서로에게 영향을 미친다고 했습니다. 이 세 영역은 종속적인 관계가 아니며 한 영역에 문제가 생기면 그것은 다른 영역에 곧바로 영향을 주게 되므로 한 영역에서 발생한 문제는 총체적인 문제가 된다고 하였습니다. 이는 극도의 육체적 피로는 영적인 허약을 유발한다는 사실을 증명해 주고 있는 것입니다.

아리송 (2.59)

- **인원** : 10~40명
- **준비물** : 없음
- **소요시간** : 10~15분
- **모둠의 형태** : 전체 모둠
- **물리적 환경** : 참가자들이 둥글게 의자에 둘러앉을 만한 크기의 방

참가자들은 둥글게 둘러앉고 술래 한 사람이 원 중앙에 서서 돌아다니다가 한 사람에게 다가가서 자기 코에 손을 대면서 "이것은 발가락입니다"(예)라고 말하십시오. 그러면 지적받은 그 사람은 술래가 열까지 수를 세기 전에 반대로 자기 발가락에 손을 대고 "이것은 내 코입니다."라고 대답합니다. 실수한 경우에는 술래가 바뀌고 다시 시작합니다. 눈, 입, 귀, 발꿈치, 팔꿈치, 손톱, 무릎 등 신체의 모든 부분을 사용할 수 있습니다.

도대체 무슨 말을 하는 거예요? (1.40)

- 인원 : 10~20명
- 준비물 : 없음
- 소요시간 : 15~20분
- 모둠의 형태 : 전체 모둠
- 물리적 환경 : 참가자들이 둥글게 의자에 둘러앉을 만한 크기의 방

참가자들이 둥글게 둘러앉도록 한 다음 지도자는 참가자들에게 자기의 왼편에 앉은 사람에게 귓속말로 "당신은 ○○을 좋아하십니까?" 하고 물어보도록 하십시오. 그러니까 자기의 오른편에 앉은 사람으로부터는 질문을 받고, 왼편 사람에게는 질문을 하는 셈입니다. 사람들에게 이 질문을 잊어버리지 말고 잘 기억해 두도록 하십시오.

지도자는 참가자들에게 모두 자리에서 일어나 다른 사람과 자리를 바꾸어 앉도록 하십시오. 그런 다음 자기가 들은 질문에 대한 대답을 다시 왼편 사람에게 귓속말로 들려주도록 합니다. 여러분도 쉽게 상상이 가지요? 그 내용이 그야말로 뒤죽박죽이 될 것입니다.

그러면 이제부터는 돌아가면서 들은 이야기를 서로 나누어 봅시다. 예를 들어서 한 사람은 왼편 사람에게서 "당신은 뱀탕을 즐겨 먹습니까?"라는 질문을 받았는데 다른 사람으로부터 "네, 나는 늘 그것을 이불 속에 껴안고 자지요" 하는 대답을 들었다면 이 질문과 대답을 연결하여 소개하는 것입니다. 이렇게 이야기를 듣다 보면 온갖 희한하고 엉뚱한 이야기들로 웃음바다가 될 것입니다.

형님 먼저, 아우 먼저(2.60)

- **인원** : 10~30명
- **준비물** : 손잡이에다가 길이 40-50cm의 나무 막대기를 테이프로 붙인 숟가락, 과자
- **소요시간** : 15~20분
- **모둠의 형태** : 5~10명으로 구성된 여러 모둠
- **물리적 환경** : 참가자들이 돌아다니면서 활동할 수 있을 만한 크기의 방

천국과 지옥의 차이에 관해 이런 유명한 우화가 있습니다. 천국뿐만이 아니라 지옥에도 음식은 차고 넘치도록 풍부하게 있는데 천국에 있는 사람들은 모두가 포동포동하고 살결이 뽀얀데 반해 지옥에 있는 사람들은 먹을 음식이 차고 넘치는데도 모두가 영양실조에 신경질만 내고 있더랍니다.

그 이유는 간단했습니다. 천국과 지옥에 있는 숟가락은 지금 우리가 사용하는 것과는 조금 달라서 손잡이가 팔 길이보다 길더랍니다. 그런데 지옥 사람들은 그 길다란 숟가락으로 음식을 퍼 담아 먹으려고 하니 입에 집어넣지 못하는 것입니다. 그러나 천국 사람들은 이들과 달랐습니다. 이 사람들은 자기보다도 남을 먼저 생각해서 자기 음식을 다른 사람들 입에 넣어주니 같은 숟가락을 사용하는데도 서로 기분 좋게 먹을 수 있었던 것입니다. 형님 먼저, 아우 먼저 하면서 서로의 입에 쏘옥 넣어주는 모습이 너무 좋습니다.

우스개 소리이지만 의미심장한 내용을 담고 있는 소중한 우화입니다. 자 이 우화로 멋진 이어달리기 놀이를 만들어 봅시다. 2~4모둠으로 만들고 각 모둠에서 2인 1조로 짝을 이루어 이어달리기 대형으로 출발선에 정열합니다. 시작이 되면 각 모둠에서 두 사람씩 반환점에 달려가서 거기에 놓인 길다란 숟가락 두 개를 한 개씩 들고 접시에 담겨 있는 작은 과자들을 서로 먹여 주십시오.

지도자는 사전에 사람들이 숟가락 끝을 잡아야지 손잡이 중간을 잡는다거나 짧게 잡지 않도록 알려 주십시오. 접시에 담겨 있는 과자를 모두 먹었으면 숟가락을 그 자리에 놓고 두 사람이 손을 잡고 출발점으로 달려와서 다음 조와 교대하십시오.

빈 의자(2.61)
- **인원** : 15~30명
- **준비물** : 의자(인원 수의 반만큼)
- **소요시간** : 15~20분
- **모둠의 형태** : 전체 모둠
- **물리적 환경** : 참가자들이 둥글게 의자에 둘러앉을 만한 크기의 방

여자들은 원 안쪽을 보고 둥글게 의자에 둘러앉고 빈 의자를 한 개 끼워 두십시오. 남자들은 여자들 뒷편에 한 사람씩 서도록 하는데 빈 의자에도 남자 한 사람이 서도록 합니다. 빈 의자 뒤에 선 남자가 술래가 되는데 술래는 여자들 중에서 한 사람을 지적하며 "당신을 내 자리에 초대하고 싶습니다"고 합니다. 그런 다음 그 여자의 뒤에 서 있는 남자에게 질문을 합니다. 만약 그 사람이 이 질문에 대해 적절한 대답을 하지 못하면 여자는 자리를 옮겨야 하고 술래는 바뀌게 됩니다. 반면에 정답을 말한 경우에는 질문을 했던 술래가 다른 사람에게 다른 질문을 가지고 계속하십시오.

앗 뜨거, 앗 차거(2.62)
- **인원** : 10~20명
- **준비물** : 장애물로 사용할 고깔 또는 플라스틱 음료수통, 눈가리개(인원 수의 반만큼)
- **소요시간** : 20~30분
- **모둠의 형태** : 전체 모둠
- **물리적 환경** : 위험물이 없는 잔디밭이나 운동장

두 사람씩 짝을 짓고 그중에 한 사람이 눈가리개를 합니다. 눈을 가린 사람은 놀이가 끝나기 전에

는 눈가리개를 벗을 수 없으며, 그의 짝의 지시를 받아 움직이도록 합니다. 이 놀이는 인도자의 안내로 몇 개의 장애물을 통과하고 돌아오는 것인데 문제는 이 인도자도 "앗 뜨거", "앗 차거" 외에는 다른 말을 일체 할 수 없다는 것입니다. 방향을 이탈하면 "앗 차거"를 크게 외치고 "앗 뜨거"는 바른 방향으로 가고 있음을 알려 주십시오. 이 말을 빠르고 느리게, 작고 크게 하여서 방향을 알려 주십시오. 한 바퀴 돌아온 다음에는 둘이 서로 교대하여 다시 해 봅니다.

암흑 속의 살인자(2.63)

- **인원** : 15~30명
- **준비물** : 쪽지와 눈가리개(인원 수만큼)
- **소요시간** : 20~30분
- **모둠의 형태** : 전체 모둠
- **물리적 환경** : 참가자들이 눈을 감고 돌아다니며 활동할 수 있는 크기의 안전한 방

이 놀이는 불빛이 전혀 없는 방에서 해야 제 맛이 나는 놀이이므로 창문이나 문틈에서 불빛이 새어 들어오지 못하도록 철저히 차단해 두기 바랍니다. 참가자들이 쪽지 한 장씩 뽑아가도록 하는데, 그 쪽지에는 '용의자', '살인자', 그리고 '사립탐정'이라는 글이 적혀 있습니다. 이 쪽지는 혼자만 볼 수 있으며 다른 사람들에게 보여 주지 마십시오. 따라서 누가 살인자이고 누가 사립탐정인지 도무지 알 길이 없습니다. 대부분의 사람들은 용의자가 되고, 살인자와 사립탐정은 같은 수로 정하되 모둠의 크기에 따라 1~3명씩 정합니다.

자! 이제 놀이는 실내의 불이 모두 꺼지는 것으로 시작되는데 이때부터 모든 사람들은 어둠 속을 걷거나 기어 다닙니다. 이때 살인자는 어둠 속을 살금살금 돌아다니다가 어떤 사람과 부딪히면 팔로 그 사람의 목을 감고 조르는 시늉을 하면서 귓속말로 "넌 죽었다"라고 합니다. 잡힌 사람은 "꺅"하고 외치면서 그 자리에 죽은 듯이 서 있습니다.

살인자가 이렇게 사람들을 계속 죽이면서 돌아다니는 동안 탐정들도 살해범을 찾아다닙니다. 어둠 속이므로 살인자가 탐정의 목을 조르면서 "넌 죽었다"라고 하기도 하는데, 탐정은 반항하거나 자신이 탐정이라는 사실을 밝히지 말고 그 살인자가 누구인지 목소리를 듣고 나중에 누구인지를 밝혀야 합니다. 탐정은 "꺅"하고 죽는 시늉만 할 뿐 다른 사람들처럼 죽지는 않습니다.

이렇게 하여 시간이 3~5분 정도 지난 다음 지도자가 "그만! 이제 여러분은 모두 그 자리에서 일어서십시오"하고 말한 다음 5초 정도 지나서 불을 켭니다. 그러고 나서 지도자는 탐정이 누구인지 손을 들어서 밝히라고 합니다. 탐정이 손을 들고 나오면 나머지 모든 사람들, 그러니까 용의자와 살인자 모두 시치미를 뚝 떼고 서 있습니다.

이제는 탐정이 그들 중에 누가 살인자인지를 밝혀내도록 합니다. 탐정은 2-3명을 지명할 수 있습니다. 그때도 지도자가 자기가 누구인지를 밝히라고 하기 전에는 지명된 사람은 그대로 조용히 있다가 살인자는 손을 듭니다. 탐정이 엉뚱한 사람들을 살인자로 오인할 수도 있고, 그들 중에 살인자가 끼어 있을 수도 있지요.

살인자가 밝혀지면 지도자는 다시 모든 쪽지를 모아서 섞은 다음 참가자들이 다시 한 장씩 집고 같은 방법으로 계속해 보세요. 참! 일단 불이 꺼지고 나면 "꺅"하는 외마디 외에는 아무도 말할 수 없다는 사실을 기억해 두세요.

참가 인원이 20명인 경우에는 살인자와 탐정은 2명씩, 그리고 30명인 경우에는 살인자 3명에 탐정은 3명 정도가 적당합니다.

지진(2.64)

- **인원** : 15~30명
- **준비물** : 의자(인원 수만큼)
- **소요시간** : 15~20분
- **모둠의 형태** : 모둠의 5~8명으로 구성된 세 모둠

- **물리적 환경** : 모둠별로 의자에 나란히 앉습니다.

```
○      △      □
○      △      □
○      △      □
○      △      □
○      △      □
○      △      □
○      △      □
샘마을  달동네  꽃동네
```

 세 모둠으로 나누고 약 1미터 간격을 두고 3열 종대로 의자에 앉습니다. 각 모둠은 샘마을, 달동네, 꽃동네 같은 예쁜 마을 이름을 하나씩 정합니다. 그리고 각 모둠의 사람들은 각각 직업을 하나씩 정하도록 하는데, 각 모둠은 지도자가 직업에 따라 정해준 순서대로 다시 정렬하여 앉습니다.
 그 다음 지도자가 예를 들어서 "꽃동네에서 목수가 필요합니다." 라고 말하면 그 즉시 각 마을의 목수들은 의자에서 일어나 각자 자기 모둠을 돌아서 원래 위치로 돌아오는데, 의자에 가장 먼저 돌아온 사람의 모둠이 1점을 얻게 됩니다.
 이 놀이는 좀더 복잡하게 진행될 수 있습니다. 그림처럼 샘마을, 달동네, 꽃동네의 순서인 경우 지도자가 샘마을을 부르면 사람들은 시계 방향으로 돌아가고, 꽃동네를 부르면 시계 반대 방향으로 돌아가야 합니다. 그리고 달동네는 아무 방향이든 괜찮습니다. 잘못 방향을 잡은 사람이 있으면 그 사람은 아무리 빨라도 소용이 없습니다. 지도자가 "지진이다!"라고 외치면 모든 사람이 자리에서 일어나서 시계 방향으로 돌아야 하는데 가장 먼저 자리에 앉은 모둠이 점수를 얻게 되지요.

빗자루 전쟁(2.65)
- **인원** : 10~20명
- **준비물** : 빗자루와 종이
- **소요시간** : 10~15분

- **모둠의 형태** : 5~10명으로 구성된 두 모둠
- **물리적 환경** : 두 모둠이 자유롭게 활동할 수 있는 크기의 방

두 모둠으로 나누고 방 양쪽 끝으로 가서 마주보고 섭니다. 각 모둠의 사람들은 순서대로 고유번호를 가집니다. 열의 첫 번째 사람 옆에는 같은 모양의 빗자루가 한 개씩 놓여있고, 두 모둠의 중간 지점에는 깨끗한 종이가 한 장 방바닥에 놓여 있습니다.

지도자가 번호를 부르는 즉시 각 모둠에서 그 번호를 가진 사람들은 빗자루를 집어 들고 가운데 지점으로 달려가서 빗자루로 종이를 자기편으로 쓸어 옵니다. 자기 편으로 종이를 쓸어 온 사람의 모둠은 1점을 얻게 되며 이렇게 계속하여 어느 모둠이 점수를 많이 따는지 겨룹니다.

문장 만들기(2.66)
- **인원** : 10~20명
- **준비물** : 종이, 연필(인원 수만큼)
- **소요시간** : 15~20분
- **모둠의 형태** : 전체 모둠
- **물리적 환경** : 참가자들이 둘러앉아 활동할 수 있는 크기의 방

참가자 모두에게 쪽지를 3장씩 나누어 주고, 쪽지마다 아무 단어나 한 개씩 적도록 합니다. 지도자는 이를 다시 거두어들인 다음, 종이 상자에 넣어서 마구 섞으세요. 그리고 다시 사람들이 쪽지 3장을 집어내도록 합니다. 어떤 단어를 가지게 될지 아무도 모르지요. 사람들은 자기가 가진 3단어를 가지고 20단어 이내의 문장을 만들어 보도록 합니다.

엉뚱한 3단어로 문장을 만드는 것은 쉬운 일이 아니겠지요. 하지만 그래서 사람들은 기발하고, 엉뚱하고, 재미있는 문장들을 만들어 낼 것입니다. 이를 돌아가며 읽다보면 웃음이 그치지 않을 것입니다.

사과와 이쑤시개 (2.67)
- **인원** : 10~30명
- **준비물** : 사과, 이쑤시개
- **소요시간** : 10~15분
- **모둠의 형태** : 5~10명으로 구성된 여러 모둠
- **물리적 환경** : 참가자들이 자유롭게 활동할 수 있는 크기의 방

사과를 4등분한 것을 각 모둠에 한 개씩을, 참가자 모두에게는 이쑤시개를 한 개씩 나누어줍니다. 첫 번째 사람은 사과를 찌른 이쑤시개를 입에 물고 있어야 하는데 이 상태에서 놀이가 시작되지요. 즉 두 번째 사람은 물고 있는 이쑤시개로 사과를 찔러서 인계받고 다시 옆 사람에게 넘겨줍니

다. 이때 손을 사용해서는 안 됩니다.

사과에 박혀 있는 이쑤시개는 점점 많아지게 되므로 갈수록 어려워지는데 사람들이 이쑤시개에 찔리지 않으려고 애쓰는 모습이 웃음을 자아냅니다. 이쑤시개는 양쪽 끝이 모두 뾰족한 것을 사용하십시오. 사과 대신 마시멜로우를 사용할 수 있습니다.

예 · 아니요(2.68)

- 인원 : 10~20명
- 준비물 : 없음
- 소요시간 : 15~20분
- 모둠의 형태 : 같은 인원수로 나눈 두 모둠
- 물리적 환경 : 두 모둠이 마주보고 활동할 수 있는 크기의 방

두 모둠에서 한 사람씩 나와서 한 사람은 질문하고 다른 사람은 대답을 하도록 하는데 "예"라고 해야 할 대답에서는 "아니오"를 "아니오"라고 해야 할 대답에는 "예"라고 대답해야 합니다. 가위바위보를 하여 묻고 대답하는 순서를 정하는데, 이긴 사람이 먼저 10가지를 질문한 다음에 진 사람이 10가지를 질문합니다. 질문과 대답을 진행하는데 질문 내용(난처한 질문, 엉뚱한 질문 등)에 따라 지극히 흥미롭게 진행할 수 있습니다.

무슨 맛이지?(2.69)

- 인원 : 10~40명
- 준비물 : 우유, 콜라, 간장, 식초, 오렌지주스, 야쿠르트, 소금, 설탕, 고춧가루, 후추, 참기름 등
- 소요시간 : 20~30분
- 모둠의 형태 : 5~10명으로 구성된 여러 모둠
- 물리적 환경 : 모둠별로 모여앉아 함께 활동할 수 있는 크기의 방

두 모둠 이상으로 나누고 모둠별로 컵을 하나씩(한 모둠 당 컵 한 개) 들고 모여 앉도록 합니다. 지도자는 여러 가지 물에 녹는 음식을 섞어 놓아서 맛이 해괴망측한 음료수를 담은 양동이를 중앙에 놓아둡니다. 각 모둠의 주장은 지도자에게 와서 컵에 음료수를 한 컵 얻어 가서 모둠원들과 조금씩 맛을 보도록 합니다.

약 30초간 맛을 본 다음 모둠원들끼리 상의하여 한 모둠씩 돌아가면서 음료수에 무엇이 들어있는지 하나씩 알아맞추도록 합니다. 그러다가 틀리게 대답한 모둠은 벌칙으로 양동이에 담긴 그 음료수를 한 컵 가득 담아다가 모두 마셔야 합니다. 이렇게 하여 양동이에 음료수가 모두 없어질 때까지 계속 합니다. 음료수가 맛이 있으면 무슨 재미가 있겠습니까. 그러니 아무리 먹어도 탈이 나지 않도록만 주의하고 맛은 아주 괴로운 맛을 창조해 보세요.

팝콘 팝콘(2.70)

- **인원** : 10~30명
- **준비물** : 팝콘
- **소요시간** : 10~15분
- **모둠의 형태** : 5~10명으로 구성된 여러 모둠
- **물리적 환경** : 모둠별로 둘러앉아 함께 활동할 수 있는 크기의 방

각 모둠에서 가장 입이 크다고 생각하는 사람을 한 사람씩 나오도록 하십시오. 엉겹결에 나온 이 사람들에게 맛있는 팝콘이 들어 있는 그릇을 한 개씩 나누어 주세요. 시작이 되면 사람들은 팝콘을 깨물어 먹지 말고 가능한 한 많이 입 속으로 집어 넣도록 합니다. 입은 다물지 않아도 되는데, 누가 가장 많은 팝콘을 입에 집어 넣는지 겨루어 봅니다.

쥐약(2.71)

- 인원 : 10~20명
- 준비물 : 초코파이
- 소요시간 : 15~20분
- 모둠의 형태 : 전체 모둠
- 물리적 환경 : 참가자들이 둘러앉아 활동할 수 있는 크기의 방

남들은 이 놀이가 더럽고 불결하고 야만적이고 역겹고 지저분하다고 합니다. 사실 그렇습니다. 하지만 전혀 색다른 즐거움을 느낄 수 있는 놀이지요. 전원이 원대형으로 앉고 지도자가 그중 한 사람에게 빵(또는 떡)을 한 개 건네 줍니다. 이제 지도자는 우르르, 번쩍, 쾅으로만 된 일기예보를 시작하는데, "번쩍"하면 옆 사람에게 손에 들고 있는 빵을 건네주고, "우르르릉"하면 손에 들고 있는 사람은 빵을 두 손으로 꼭꼭 누르고 비비고 문질러서 반죽을 합니다. 그러다가 지도자가 갑자기 "쾅"하고 외칠 때 빵을 들고 있는 사람은 조금이라도 떼어서 먹어야 합니다.

지도자가 예측불가능하게 하는 동안 빵은 어느 새 까무잡잡해지고 먹기가 더 어려워지는데 남이 먹기 싫어하는 것을 냉큼 삼키는 동포애를 발휘하는 사람이 나오기도 하지요. 서로 우애를 증진하는데 탁월한 놀이라 생각하여 한번쯤 친한 친구들과의 모임에서 즐겨보기를 권합니다.

그림 전달하기(2.72)

- 인원 : 10~40명
- 준비물 : 종이, 연필(인원 수만큼)
- 소요시간 : 15~20분

- **모둠의 형태** : 5~8명으로 구성된 여러 모둠
- **물리적 환경** : 참가자들이 자유롭게 활동할 수 있는 크기의 방

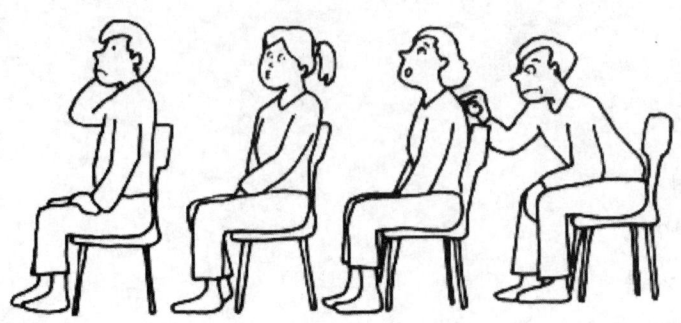

2~4모둠으로 나누고 모둠별로 방 중앙을 보면서 정렬합니다. 지도자는 모든 사람들에게 종이와 연필을 나누어 준 다음, 각 모둠의 열에 있는 맨 뒷 사람에게 비교적 단순한 그림을 보여 줍니다. 그 사람들은 그림을 보고나서 이를 기억하여 자기 종이에 그리도록 하며, 그리기를 마치면 앞 친구에게 자기가 그린 그림을 보여 줍니다. 그림을 본 사람은 다시 자기 종이에 그림을 그리고, 그 그림을 다시 앞 친구에게 보여 주십시오.

이렇게 하여 제일 앞에 있는 사람이 그림 그리기를 마치면 지도자는 처음에 자기가 보여 준 그림과 대조해 봅니다. 대부분 그림이 엉뚱하거나 요상한 그림으로 바뀌어 있을 것입니다. 그래도 어느 모둠의 그림이 가장 비슷한지 알아 봅니다.

섞어찌개(2.73)
- **인원** : 15~30명
- **준비물** : 의자 또는 방석(인원수만큼)
- **소요시간** : 15~20분
- **모둠의 형태** : 전체 모둠
- **물리적 환경** : 참가자들이 의자에 둘러앉아 활동할 수 있는 크기의 방

둥글게 의자나 방석을 놓고 둘러앉고 지도자가 원 중앙에 서서 사람들이 1에서 6번까지 반복하여 번호를 부르도록 한 다음, 1번은 고춧가루, 2번은 설탕, 3번은 마늘, 4번은 파, 5번은 생강, 6번은 참깨라는 식으로 양념을 한 가지씩 정해 줍니다. 지도자는 듣는 사람들이 입에 군침이 돌 만큼 재미있게 말로 요리를 하는데 요리를 마치고 나서 "볶아라"(또는 삶아라, 구워라, 지져라, 데쳐라 중에서 아무 말이나 할 수 있습니다)라고 외치면 이야기 중에 나왔던 양념에 해당되는 사람들은 그 자리에서 일어나 지도자가 있는 원 중앙을 한 바퀴 돌아서 제자리로 갑니다.

지도자도 이 틈을 타서 한 자리를 차지하여 앉으면 가장 늦은 사람은 의자(방석)에 앉지 못하게 되겠지요. 이 사람은 술래가 되어서 다시 입으로 맛있는 요리를 합니다. 요리를 마친 다음 다시 "볶아라"하고 외치면 다시 자리를 옮겨야 합니다. 양념의 수를 대는 것은 술래 마음대로 정할 수 있지요. 그러다가 술래가 "섞어찌개"하고 외치면 모든 사람들이 한꺼번에 다 돌아야 합니다. 이밖에 '식혜', '수정과', '피자' 등과 같은 음식 이름을 부르게 되면 그 음식에 들어갈 것 같은 양념은 모두 나오도록 합니다. 놀면서 요리 솜씨를 익히기도 하는 즐거운 놀이랍니다.

산수공부(2.74)

- **인원** : 10~40명
- **준비물** : 0~9번을 적은 종이 세트(모둠 수만큼)
- **소요시간** : 15~20분
- **모둠의 형태** : 6~10명으로 구성된 여러 모둠
- **물리적 환경** : 참가자들이 자유롭게 돌아다니면서 활동할 수 있는 크기의 방

6~10명씩 모둠을 나누고 모둠별로 사람들은 각각 0번에서 9번까지 숫자를 적은 종이를 가슴에 붙이도록 합니다. 인원 수가 10명 미만인 경우에는 사람들은 숫자를 적어 놓은 종이를 등에다가 하나 더 붙이도록 하십시오. 지도자는 "3에 6을 곱한 숫자에 6을 빼고 다시 이 숫자를 4로 나눈 숫자가 무엇입니까?"(예)라고 물으면 정답은 3이니까 각 모둠에서는 계산을 빨리 하여서 숫자가 3번인 사람들이 지도자에게로 빨리 달려 나옵니다. 가장 먼저 달려온 모둠이 점수를 얻게 되며 이와 같은 방법으로 계속해 봅니다.

지도자는 단순한 산수가 아닌 재미있는 퀴즈를 낼 수도 있답니다. 여러 가지 숫자가 나오게 할 수도 있습니다. 예를 들면 "1년은 며칠입니까?"라고 물으면 정답이 365이므로 각 모둠에서는 3번, 6번, 5번이 나와서 순서대로 정렬해야 하겠지요.

집 잃은 천사(2.75)

- **인원** : 15~30명
- **준비물** : 의자 또는 방석(인원 수만큼)
- **소요시간** : 15~20분
- **모둠의 형태** : 전체 모둠
- **물리적 환경** : 참가자들이 의자에 둥글게 둘러앉고 활동할 수 있는 크기의 방

모두가 둥글게 의자 또는 방석에 둘러앉고 술래 한 사람이 자리에서 일어나 앉았던 의자(방석)를 치워 버립니다. 술래는 희한한 몸짓을 하면서 이리저리 돌아다니다가 한 사람을 지적하면 그 사람은 술래 뒤를 졸졸 쫓아다니면서 술래의 몸동작도 따라 합니다. 이렇게 술래는 줄곧 돌아다니면서 4~5사람을 지명할 수 있는데 술래는 어느 순간 갑자기 "으악!"하고 외치면서 빈자리에 앉습니다. 그러면 술래를 따르던 사람들도 빈자리를 찾아 앉아야 하는데 결국 한 사람은 자리에 앉지 못하게 되지요. 그래서 그 사람이 새 술래가 되어서 다시 시작합니다.

자리 차지하기(2.76)

- **인원** : 15~30명
- **준비물** : 의자(인원 수만큼)
- **소요시간** : 15~20분
- **모둠의 형태** : 전체 모둠
- **물리적 환경** : 참가자들이 의자에 둘러앉아서 활동할 수 있는 크기의 방

모두가 의자를 둥글게 놓고 의자 앞에 둘러 선 다음 사람들은 지도자와 함께 노래를 힘차게 부르면서 원을 돕니다. 그러다가 지도자가 갑자기 "앉아라!" 하고 외치면 사람들은 근처에 있는 의자로 급히 달려가서 앉습니다. 이때 지도자도 자리를 하나 차지하게 되므로 의자의 수는 인원 수보다 언제나 하나 모자라므로 자리를 차지하지 못한 사람이 술래가 됩니다. 이렇게 하여 계속해 보는데, "앉아라!"고 외치는 대신에 꽹과리나 쟁반 같은 물건을 쳐서 신호를 보낼 수 있습니다. 이밖에도 술래가 박수를 한 번 치면 괜찮고, 두 번 치면 의자에 앉도록 함으로써 혼란스럽게 만드는 것도 재미있답니다.

물건사냥(2.77)

- **인원** : 10~30명
- **준비물** : 참가자들의 주머니에 들어 있는 물건
- **소요시간** : 15~20분
- **모둠의 형태** : 전체 모둠
- **물리적 환경** : 참가자들이 둘러앉아서 활동할 수 있는 크기의 방

원대형으로 둘러 선 다음 각자 주머니에 들어있는 물건을 한 가지씩 꺼내서 원 중앙에 모아 놓습니다. 지도자는 그 물건 중에서 한 가지를 빼내고 사람들은 노래를 신나게 부르면서 원을 돕니다. 그러다가 원 안에 서있는 술래가 갑작스럽게 "잡아라!" 하고 외치면 사람들은 원 중앙으로 달려가서 물건을 한 개씩 줍습니다. 물건 수는 사람 수 보다 한 개가 작으므로 물건을 줍지 못하는 사람이 나오는데 그 사람이 술래가 되어서 계속해 봅니다.

일장연설(2.78)

- **인원** : 10~30명
- **준비물** : 없음
- **소요시간** : 20~30분
- **모둠의 형태** : 전체 모둠
- **물리적 환경** : 참가자들이 둘러앉아 활동할 수 있는 크기의 방

우선 지도자가 준비한 일장 연설을 하는 동안 사람들을 지도자의 몸동작에 따라 즉각적으로 반응을 해야 합니다. 즉 지도자가 연설을 하면서 오른손을 들면 모임에 참가한 사람들은 "옳소"하고 외치고 왼손을 들면 신나게 박수를 치도록 하고, 두 손을 들면 "와!"하고 함성을 지르도록 하는 것입니다. 이 놀이는 지도자가 얼마나 재미있는 소재로 이야기를 진행하는가에 따라 분위기가 좌우 되지만, 사람들 중에 괴짜들이 출현하여 배꼽을 쥐게 하는 경우가 많으므로 모든 사람들이 돌아가면서 한 번씩 해 보도록 하십시오.

과자 낚는 어부(2.79)

- **인원** : 10~30명
- **준비물** : 실로 묶은 과자(여러 개)
- **소요시간** : 15~20분
- **모둠의 형태** : 5~8명으로 구성된 여러 모둠
- **물리적 환경** : 모둠별로 모여 앉아 함께 활동할 수 있는 크기의 방

모둠을 나누어 모둠별 주장이 나오도록 하거나 자원하는 3, 4명에게 실로 묶은 과자를 한 개씩 나누어 주고 입으로 실(길이 40cm정도)끝을 물게 합니다. 시작이 되면 실을 물고 있는 이빨과 입술만을 사용하여 실을 야금야금 물어 올려서 과자를 따 먹도록 합니다. 손은 절대로 사용할 수 없으므로 아예 뒷짐을 지도록 하십시오. 입까지 거의 닿을 만큼 과자를 들어 올렸다가 실을 놓쳐서 도루묵이 되어버리면 당사자는 황당하겠지만 보는 사람은 그럴수록 더 즐거워지지요.

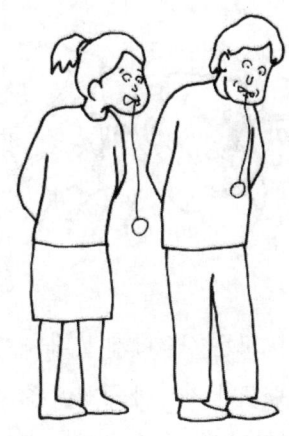

백짓장도 맞들면 낫지요(2.80)

- **인원** : 10~30명
- **준비물** : 인원수만큼의 숟가락, 모둠당 비치볼, 풍선, 종이상자, 베개 등(모둠 수만큼)
- **소요시간** : 15~20분
- **모둠의 형태** : 4~6명으로 구성된 여러 모둠
- **물리적 환경** : 참가자들이 자유롭게 돌아다니면서 활동할 수 있는 크기의 방

4~6명씩 모둠을 만들고 모든 사람들에게 숟가락을 한 개씩 나누어 주십시오. 모둠별로 물건을 나르는데 들고 있는 숟가락만을 사용할 수 있습니다. 즉 시작이 되면 출발선에 놓여 있는 물건(비치볼, 풍선, 라면상자 크기의 종이상자, 가벼운 베개 따위)을 전원이 달려 들어서 숟가락을 가지고 목적지까지 신속히 옮깁니다. 물건을 떨어뜨리면 즉시 출발선으로 되돌아와서 다시 시작하십시오.

빨대로 과자 나르기(2.81)

- **인원** : 10~30명
- **준비물** : 빨대와 과자(인원 수만큼)
- **소요시간** : 10~15분
- **모둠의 형태** : 5~8명으로 구성된 여러 모둠
- **물리적 환경** : 모둠별로 일렬로 정렬하여 활동할 수 있는 크기의 방

　모둠을 나누고 모둠별로 정렬합니다. 모든 사람에게 빨대를 한 개씩 나누어 주고 입에 물도록 합니다. 열 선두에 있는 사람에게 고무 밴드나 가운데 구멍이 뚫린 과자를 하나씩 나누어 줍니다. 시작이 되면 빨대에 과자를 꿰어서 옆 사람에게 전달하는데, 손을 사용하지 말고 옆 사람이 입에 물고 있는 빨대에 과자를 꿰어서 옮기도록 합니다.

　빨대 대신 나무젓가락을 사용할 수 있으며, 고무 밴드 대신 종이컵을 사용해도 훌륭합니다. 과자 (또는 고무 밴드)를 떨어뜨리게 되면 떨어뜨린 사람이 손으로 집어서 빨대에 걸어서 다시 하십시오.

신데렐라 (2.82)

- **인원** : 20~30명
- **준비물** : 없음
- **소요시간** : 10~15분
- **모둠의 형태** : 남녀가 짝을 이룹니다.
- **물리적 환경** : 참가자들이 둥글게 둘러앉아 활동할 수 있는 크기의 방

　남여가 짝을 이룹니다. 여자는 신데렐라가 되어서 원대형으로 놓아둔 의자에 앉습니다. 남자들은 눈가리개를 하고 자기 짝 앞에서 한쪽 무릎을 꿇고 정중히 인사를 드린 다음, 신발을 벗겨서 손에 들고 있도록 합니다. 지도자는 왕자(남자)가 들고 있는 신발을 원 중앙에 던지도록 합니다. 시작이 되면 왕자(남자)들은 눈가리개를 한 채로 원 중앙에 쌓여있는 신발들 중에서 자기 짝의 신발을 찾습니다. 이때 신데렐라들은 가만히 있지 말고 왕자들이 자기 신발을 빨리 찾을 수 있도록 소리 내어 위치를 알려 주십시오. 두 짝을 모두 찾아서 신데렐라에게 신겨준 왕자는 눈가리개를 벗고, 마지막 사람이 신발을 찾는 모습을 즐기도록 하세요.

전신갑주로 무장하기(2.83)

- 인원 : 10~40명
- 준비물 : 신문지, 매직펜, 옷핀, 테이프, 실, 화장지 등
- 소요시간 : 30분
- 모둠의 형태 : 5~8명으로 구성된 여러 모둠
- 물리적 환경 : 모둠별로 모여서 함께 활동할 수 있는 크기의 방

모둠별로 신문지와 매직펜, 옷핀, 스카치테이프를 나누어 주십시오. 모둠별로 모델을 한 사람 정하여 나머지 모둠원들이 그 사람에게 전신갑주(엡6:10~20)를 만들어 입혀 봅시다(10분 정도). 그런 다음 모델들이 나와서 패션쇼를 해 보고 '전신갑주'의 의미를 생각해 봅시다.

어 · 조 · 목(2.84)

- 인원 : 10~30명
- 준비물 : 없음
- 소요시간 : 15~20분
- 모둠의 형태 : 전체 모둠
- 물리적 환경 : 참가자들이 둘러앉아 활동할 수 있는 크기의 방

사람들이 둥글게 둘러앉고 지도자가 원 안에서 이리저리 돌아다니면서 한 사람을 지명하여 "어(魚)"하고 외칩니다. 그러면 그 사람은 물고기의 이름 중에 한 가지를, 숫자 열을 세는 동안 빨리 대야 합니다. 즉 "고등어", "붕어"하는 식으로 이름을 댑니다. 이런 식으로 지도자가 "조"(鳥)하면 지적당한 사람은 새의 이름을, "목"(木)하면 나무의 이름을 대야 하는데 이것이 생각처럼 쉽지 않습니다. 뻔히 알고 있으면서도 다물어진 입이 떨어지지 않아서 잡히게 되지요. 잡힌 사람은 술래가 되어 같은 방법으로 계속해 봅니다.

"어조목꽝"이란 한자 이름으로 잘 알려져 있는 이 놀이는 저학년 사람들에게는 어려운 점이 있으므로 토박이말인 "물고기, 새, 나무"로 하는 것이 바람직합니다. 이 놀이는 모둠을 나누어서 즐길 수도 있습니다.

구명보트(2.85)

- **인원** : 10~30명
- **준비물** : 4절지 크기의 마분지 또는 신문지(10장)
- **소요시간** : 10~15분
- **모둠의 형태** : 전체 모둠
- **물리적 환경** : 참가자들이 자유롭게 돌아다니면서 활동할 수 있는 크기의 방

4절지 마분지(또는 신문지 반면 크기로 사용할 수 있습니다)를 10개 준비하여 1번에서 10까지 번호를 크게 적어 놓고 방바닥에 흩어서 놓아 둡니다. 사람들이 중앙에 모여 서면 지도자는 다음과 같이 안내방송을 합니다.

"승객 여러분 잘 들으십시오. 불행하게도 우리가 타고 있는 이 배는 암초에 부딪혀서 지금 가라앉고 있습니다. 여러분은 신속하게 구명보트에 옮겨 타야 하는데 안타깝게도 그 중에 몇 척은 이미 심하게 파손되어서 사용할 수가 없습니다. 제가 부르는 구명보트만을 타야 하므로 잘 귀 기울여 들어주신 후 어린이나 노약자부터 태워 주시기를 부탁드립니다. 그리고 한 배에 6명 이상 탈수가 없습니다."하는 식으로 안내방송을 그럴싸하게 전한 다음 1~10번 중에서 번호를 몇 가지 부릅니다.

한 배에 6명 이상 타지 못하므로 참가 인원 수를 감안하여 적당한 수를 부릅니다. 지도자가 탑승 인원을 수시로 많이 또는 적게, 다양하게 변화를 주면 사람들은 훨씬 더 분주해질 것입니다. 예를 들어서 4명씩 1, 3, 5, 6, 7, 9, 10하고 외치면 바쁘기도 하려니와 혼란스러워서 실수하는 사람들이 속출하게 되면서 그만큼 재미도 더해지겠지요.

상점 차리기(2.86)

- **인원** : 20~40명
- **준비물** : 물건 이름을 적은 쪽지
- **소요시간** : 20~30분
- **모둠의 형태** : 3~4명으로 구성된 여러 모둠
- **물리적 환경** : 여러 가지 가구 또는 물건들이 놓여있는 방 여러 개

지도자는 모임 전에 "채소 가게", "가전제품 가게", "철물점", "제과점", "꽃가게" 등 모둠 수만큼의 가게를 정해 둡니다. 그리고 각 가게 별로 상품들을 8~10가지 정도씩 같은 숫자의 상품들을 적은 작은 쪽지들을 모임 장소 주변에 숨겨 둡니다. 3~4명씩 여러 모둠을 만들고 지도자는 각 모둠마다 가게 이름을 하나씩 정해 줍니다(쪽지를 가지고 추첨할 수도 있겠지요).

시작이 되면 사람들은 모임 장소를 구석구석 뒤지면서 자기 가게의 상품(쪽지)을 찾아내도록 합니다. 쪽지를 찾다가 다른 모둠의 쪽지를 찾으면 모른 척하고 지나치도록 하십시오. 이때 남의 쪽지를 없애 버리거나 찾지 못하도록 더욱 깊숙이 숨기는 얌체가 없도록 당부하십시오. 이 놀이는 10~15분 정도 시간을 정해 놓고 즐길 수 있으나, 상황에 따라 지도자가 마치도록 하십시오. 인원수가 적을 경우에는 개인별로 즐길 수도 있습니다.

과일장수(1.11)

- **인원** : 20~40명
- **준비물** : 의자 또는 방석(인원 수만큼)
- **소요시간** : 15~20분
- **모둠의 형태** : 전체 모둠
- **물리적 환경** : 참가자들이 의자에 둘러앉아서 활동할 수 있는 크기의 방

참가자를 의자(또는 방석)에 둘러앉도록 한 다음 중앙에 술래 한 사람을 세웁니다. 참가자들에게 다섯씩 끊어서 첫 번째 사람은 포도, 두 번째 사람은 수박, 세 번째 사람은 사과, 네 번째 사람은 배, 다섯 번째 사람은 다시 포도의 순으로 이름을 정해 줍니다. 술래는 과일장수가 되어서 원 중앙에 서서 네 가지 과일 이름들 중에서 한 가지 또는 그 이상을 호명하면 그 사람들은 자리에서 일어나 재빨리 다른 자리로 옮겨야 하는데 이때 술래도 재빨리 빈자리를 찾아서 앉도록 합니다. 그러다보면 한 사람은 늘 자리를 차지할 수 없게 되지요. 술래가 "과일바구니가 쏟아졌다!"라거나 "떨이요!"하고 외치면 모두 일어나서 자리를 바꾸어야 합니다.

아이고! 바빠(2.87)
- **인원** : 10~30명
- **준비물** : 의자 두 개, 주문 내용을 적은 쪽지들
- **소요시간** : 15~20분
- **모둠의 형태** : 5~8명으로 구성된 여러 모둠
- **물리적 환경** : 모둠별로 정렬하여 이어달리기를 할 수 있는 장소

두 모둠을 만들고 출발선에 정렬하고 방 끝에는 의자를 두 개 놓아 둡니다. 그리고 의자 위에는 엉뚱한 내용이 한 가지씩 적혀 있는 메모지를 인원 수만큼 놓여 있습니다. 시작이 되면 첫 번째 사람들은 의자로 달려가서 쪽지를 한 장 들고 쪽지에 적혀 있는 지시사항을 그 자리에서 합니다. 제자리로 돌아온 첫 번째 사람은 다시 두 번째 사람과 팔짱을 끼고 다시 의자로 달려 가서 쪽지를 한 장 집어 듭니다. 지시된 사항을 준수하고 돌아오면 다시 세 번째 사람이 합류하여 팔짱을 낀 채로 의자를 향해 달려 갑니다. 결국 첫 번째 사람은 인원 수만큼 계속 하게 되며 열 마지막 사람은 한 번만 하면 되지요. 지시문의 예를 들면 다음과 같습니다. 1) 엉덩이로 부모님께서 정해 주신 가훈을 쓰십시오. 2) 동요 '고드름'을 예쁜 율동과 함께 큰 목소리로 부르십시오. 3) 신발과 양말을 모두 벗어 버리십시오. 4) 앞에 놓인 콜라(1.5리터)를 모두 마셔 버리십시오. 5) 친구의 허리를 잡고 기차놀이를 하면서 출발점으로 돌아오는데 반드시 한쪽 발은 들고 깡충깡충 뛰어가야 합니다.

이름 맞히기(2.88)
- **인원** : 10~30명
- **준비물** : 놀이용지와 연필(인원 수만큼)
- **소요시간** : 20~25분
- **모둠의 형태** : 전체 모둠
- **물리적 환경** : 참가자들이 둘러앉아 활동할 수 있는 크기의 방

참가자 전원에게 그림과 같이 인쇄된 용지를 한 장씩 나누어준 다음, 5~7분의 시간을 주고 ㄴ, ㅇ, ㅈ, ㄱ, ㅂ으로 시작되는 음식이름, 새 이름 등을 기록하여 25칸을 모두 채우도록 합니다. 시간

이 되면 지도자는 모두 기록을 중지시키고 문제지를 자기 자신이 직접 채점하도록 합니다. 채점 방법은 빈칸은 0점, 자기 외에 다른 사람도 기록한 이름은 1점, 자기만 적은 이름은 2점입니다. 만점은 50점인데 그렇게 채점하여서 가장 많은 점수를 딴 사람이 누구인지 알아봅니다.

눈싸움(2.89)
- **인원** : 10~30명
- **준비물** : 신문지
- **소요시간** : 15~20분
- **모둠의 형태** : 같은 인원으로 나눈 두 모둠
- **물리적 환경** : 놀이 장소 중앙에 선을 긋고 두 모둠은 각각 한 구역씩 차지합니다.

5~10명씩 두 모둠으로 나누고 참가자들에게 신문지를 한 장씩 나누어 주십시오. 참가자들은 신문지로 종이공을 1인당 4개씩 만들어서 자기 구역으로 들어갑니다. 시작이 되면 사람들은 자기가 만들어서 들고 있는 종이뭉치들을 상대방 구역에 던져 넣습니다. 무진장 빨리 그리고 정확하게 종이공(눈송이)을 상대방 구역에 던져 넣는 동시에 자기 구역으로 넘어온 눈송이는 집어서 다시 던지세요. 간단하지만 눈코 뜰 새 없이 바쁘답니다. 3~4분 정도 격렬하게 눈싸움을 벌이고 나면 지도자는 중지시키고 어느 모둠 진영에 종이공이 적게 들어 있는지 알아보고 승부를 가립니다. 종이공이 덜 들어 있는 모둠이 당연히 이기게 됩니다. 종이에 위험한 물건을 집어 넣는 일이 없도록 주의하고 안경 쓴 사람이 다치지 않도록 하십시오. 마지막에는 규격이 같은 비닐봉지를 주고 종이공을 어느 모둠이 먼저 채우는지 겨루면서 놀이터를 깨끗이 청소합니다.

마주쳐 봐요(2.90)
- **인원** : 20~40명
- **준비물** : 없음
- **소요시간** : 15~20분
- **모둠의 형태** : 전체 모둠

- **물리적 환경** : 참가자들이 자유롭게 돌아다니면서 즐길 수 있는 장소

참가자 모두 둥글게 둘러 선 다음, 지도자는 참가자들과 함께 노래를 부르다가 갑자기 중단하고 신체의 한 부분과 방 안에 있는 물건이나 부분을 한 가지씩 외칩니다. 예를 들어 지도자가 "엉덩이와 벽"하고 외치면 그 즉시 사람들은 벽으로 달려가서 엉덩이를 벽에 댑니다. 이때 가장 늦게 한 사람은 잠시 쉬면서 다른 사람들이 하는 것을 보며 즐깁니다. 예를 더 들면, "머리와 방바닥", "코와 문짝", "이마와 의자", "뒤통수와 방바닥" 등 머리를 짜 보면 별의별 기발한 동작들이 나올 것입니다. 몇 번 하다가 "쉬고 있는 사람의 손과 손"하고 외치면 쉬고 있는 사람을 살려낼 수 있습니다.

이밖에 자연스럽게 사람들이 만나 할 수 있는 놀이로 옮겨서 계속해 볼 수 있습니다. 즉 "코와 코", "엉덩이와 엉덩이", "이마와 이마", "팔꿈치와 팔꿈치"등과 같이 놀이를 통하여 참가자들과 피부 접촉을 하는 가운데 애정이 차곡차곡 쌓이게 될 것입니다.

진기명기(2.91)
- **인원** : 10~40명
- **준비물** : 없음
- **소요시간** : 15~20분
- **모둠의 형태** : 5~8명으로 구성된 여러 모둠
- **물리적 환경** : 모둠별로 모여 앉아 함께 즐길 수 있는 방

3~4모둠으로 나누고 각 모둠별로 주장을 한 사람씩 정하도록 합니다. 지도자가 "여러분 모둠에서 입이 가장 큰 사람 나오세요"하는 식으로 주문하면 주장은 자기 모둠에서 가장 자신 있는 사람을 모셔 옵니다. 이렇게 모인 각 모둠의 대표들이 경연을 하면서, 엉덩이가 가장 큰 사람, 목소리가 가장 큰 사람, 꼴등을 해 본 사람, 희한한 재주를 가진 사람 등을 모실 수 있습니다.

입 대신에 빨래집게(2.92)
- **인원** 10~40명

- **준비물** : 빨래집게(인원 수만큼)
- **소요시간** : 10~15분
- **모둠의 형태** : 5~8명으로 구성된 여러 모둠
- **물리적 환경** : 모둠별로 모여서 모든 참가자들이 함께 즐길 수 있는 장소

모임의 크기에 따라 2~5 모둠으로 나누고 모둠별로 정렬합니다. 모든 사람들에게 빨래집게를 한 개씩 나누어주고 입에 물도록 합니다. 그리고 첫 번째 사람 앞에 여러 개의 사탕이 담겨 있는 접시를 놓아 둡니다.

시작이 되면 첫 번째 사람은 입에 물고 있는 빨래집게로 사탕을 물어서 옆 사람에게 전달하는데 이때도 입에 물고 있는 집게만을 사용할 수 있습니다. 사탕을 떨어뜨린 경우에도 손을 사용하지 말고 입에 물고 있는 빨래집게만을 사용해야 합니다. 마지막 사람까지 어느 모둠이 먼저 사탕을 전달하는지 겨루어 봅니다.

누구인가요?(2.93)
- **인원** : 20~40명
- **준비물** : 없음
- **소요시간** : 15~20분
- **모둠의 형태** : 5~10명으로 구성된 여러 모둠
- **물리적 환경** : 모둠별로 모여서 모든 참가자들이 함께 즐길 수 있는 장소

지도자는 사람들 중에서 한 사람에게 열두 달 중에서 아무 달이나 하나 생각하여 말하도록 합니다. 그 사람이 만약 "3월"이라고 말하면 그 모임에 참가한 사람들 중에서 자기 생일이 그 달에 있는 사람은 손을 들어서 알립니다. 모임의 크기에 따라서 다르겠지만 3월에 생일이 들어있는 사람이 한 사람도 없는 경우도 있고 또 여러 사람들이 있을 때도 있겠지요. 이때는 다시 "생일이 3월 15일에 가장 가까운 사람"하고 다시 물어 봅니다. 생일이 가장 근접해 있는 사람에게 사람들은 축하의 박수를 쳐 주고 그 사람이 다음 놀이에서 술래가 됩니다.

생년월일을 합친 수, 신장, 몸무게, 충치 수, 지갑에 들어 있는 돈의 일련번호를 합한 수, 또는 카드번호 등을 불러서 그 수치에 가장 근접해 있는 사람이나 모둠에게 점수를 주는 방법으로 진행합니다. 엉뚱한 질문을 많이 준비할수록 재미있어집니다.

이야기 잇기(1.35)

- **인원** : 10~15명
- **준비물** : 없음
- **소요시간** : 15~20분
- **모둠의 형태** : 전체 모둠
- **물리적 환경** : 참가자들이 둘러앉아 즐길 수 있는 장소

이 놀이는 서로 잘 알고 있는 이야기를 함께 나누면서 즐길 수 있는 놀이입니다. 우선 3-5명씩 모둠으로 나누고 모둠별로 모둠원들이 누구나 잘 알고 있는 성경 이야기를 가지고 이야기를 나누도록 합니다. 어느 한 사람부터 재미있는 동작과 행동을 사용하여 이야기를 시작하십시오. 예를 들면 다윗과 골리앗의 이야기를 하기로 했다고 합시다. 첫 번째 사람이 다윗과 골리앗에 대해 20초 정도 이야기한 다음 두 번째 사람이 이어서 이야기를 합니다. 이렇게 모둠원들이 모두 돌아가면서 이야기를 나눕니다. 이때 순서는 자발적으로 해도 되고, 또 돌아가면서 순서를 정해서 할 수도 있습니다. 이야기가 끝나면 서로 잘못된 부분을 고쳐주고 다른 이야기로 다시 시작할 수 있습니다.

이 놀이를 하면서 성경 속으로 쉽게 들어갈 수 있고 잘못 알고 있던 부분을 바로잡을 수 있는 기회도 될 것입니다.

장바구니(2.94)

- 인원 : 10~30명
- 준비물 : 없음
- 소요시간 : 15~20분
- 모둠의 형태 : 전체 모둠
- 물리적 환경 : 참가자들이 둘러앉아 즐길 수 있는 장소

지도자는 미리 준비해 둔, 시장에 장보러 간 이야기를 사람들에게 들려 주십시오. 이때 사람들은 지도자가 구입한 물건 이름이 나올 때마다 즉흥적으로 그 물건과 관련된 동작을 취해야 합니다. 예를 들어서 지도자가 머플러를 샀다고 하면 사람들은 머플러를 어깨에 걸치거나 머리에 쓰는 동작을 합니다.

지도자가 신나게 쇼핑을 할수록 사람들은 바빠집니다. 풍선껌, 양말, 선풍기, 호미, 스타킹, 세발자전거, 오징어, 떡볶이 등 무궁무진하며, 비키니 수영복, 팬티 등과 같이 말하기 쑥스러운 물건들도 절제 있게 사용하면 무방할 것입니다. 지도자는 참가자들 중에서 재담에 능한 사람을 불러내어 참여를 유도합니다. 실제로 쇼핑을 할 수도 있지만 아이 쇼핑을 할 수도 있습니다.

내 발바닥 곰 발바닥(1.38)

- 인원 : 20~40명
- 준비물 : 사인펜
- 소요시간 : 15~20분
- 모둠의 형태 : 남녀 같은 수로 두 모둠을 나눕니다.
- 물리적 환경 : 참가자들이 자유롭게 돌아다니면서 즐길 수 있는 장소

남자와 여자 두 모둠으로 나누고 서로 방 반대편에 서도록 합니다. 지도자들은 여자들이 남자들을 보지 못하도록 벽을 보고 서 있는 동안 남자들의 신발과 양말을 벗겨서 발바닥에 빨강, 파랑, 노랑, 초록, 검정색의 수성 펜으로 동그란 원을 그립니다. 그런 다음 다시 양말과 신발을 신도록 하고, 이번에는 여자 쪽으로 가서 각각 색깔을 정해주고 같은 색깔의 칼라 펜을 나눠 주십시오.

시작 신호가 나면 여자들은 남자의 신발과 양말을 마구잡이로 벗겨서 색깔을 확인합니다. 자기 색깔이 확인되면 그 여자는 남자의 발바닥에 '내꺼' 라고 적고 사인까지 합니다. 남자들은 여자가 양말을 벗길 때에 저항할 수 없으며 다만 일단 벗겨진 양말은 재빨리 다시 신어서 남들이 볼 수 없도록 하십시오. 이미 들통이 나서 발바닥에 사인까지 받은 사람들도 마찬가지입니다.

발가락을 찾아라 (1.17)

- **인원** : 20~40명
- **준비물** : 인원 수만큼의 사인펜(사인펜 색깔을 모둠 수만큼)
- **소요시간** : 15~20분
- **모둠의 형태** : 5~8명으로 구성된 여러 모둠
- **물리적 환경** : 참가자들이 자유롭게 돌아다니면서 즐길 수 있는 장소

또 다른 신나는 방법으로 다섯 발가락을 사용할 수도 있습니다. 모든 참가자들이 원대형으로 밖을 향하여 앉은 다음 양말을 벗고 다섯 발가락 중 하나에 점을 표시한 다음 양말을 신으십시오. 참가자 전원에게 사인펜을 하나씩 나눠 주고 시작이 되면 사람들은 바삐 돌아다니면서 서로의 발바닥을 살펴보고 자기와 같은 발가락에 점이 찍혀 있는 사람들을 찾아다닙니다. 찾은 사람들은 발바닥에 서로 사인을 하고 다시 다른 사람들을 찾아 나서는데 이때 정보를 흘려서는 안 됩니다. 가장 먼저 마친 모둠은 한 자리에 모여 앉아서 마지막 모둠이 마칠 때까지 기다리십시오.

단추 풀고 꿰기 (2.95)

- **인원** : 10~30명
- **준비물** : 단추 수가 같은 셔츠(모둠 수만큼)
- **소요시간** : 15~20분
- **모둠의 형태** : 5~8명으로 구성된 여러 모둠
- **물리적 환경** : 이어달리기를 할 수 있는 장소

2~4모둠으로 나누고 이어달리기 대형으로 섭니다. 각 모둠에서 한 사람씩 나와서 반환점에 서는데 이때 이 사람들은 반드시 같은 수의 단추가 달린 상의를 입은 사람이어야 합니다. 시작이 되면 첫 번째 사람부터 반환점에 서 있는 사람에게 달려 가서 단추를 모두 풀고 출발점에 돌아와 다음 사람과 교대합니다. 두 번째 사람은 이번에는 풀린 단추를 다시 꿰고 돌아 옵니다. 이런 방식으로 어느 모둠이 가장 먼저 마치고 돌아오는지 겨루어 봅니다.

박수와 인사(2.96)
- **인원** : 10~40명
- **준비물** : 없음
- **소요시간** : 10~15분
- **모둠의 형태** : 전체 모둠
- **물리적 환경** : 참가자들이 둘러앉아 즐길 수 있는 장소

지도자는 앞에 서서 자신이 박수를 두 번 칠 때는 자기가 허리를 구부려 인사하고 박수를 한 번 칠 때는 인사를 하지 않을 것이라고 이야기합니다. 그러나 실제 놀이에서는 지도자는 일부러 틀리게 행동하기 위해서 박수를 한 번만 치고도 인사를 하든지 아니면 박수를 두 번 치고도 인사를 하지 않게 됩니다. 이를 지켜보는 사람들은 지도자가 틀린 행동을 했을 때는 인사를 하지 않고 맞는 행동을 했을 때에만 인사를 해야 합니다. 놀이를 하다 보면 이것이 상당히 어려운 일이라는 사실을 깨닫게 될 것입니다.

줄줄이 사건(2.97)
- **인원** : 20~50명
- **준비물** : 없음
- **소요시간** : 60분
- **모둠의 형태** : 5~8명으로 구성된 여러 모둠
- **물리적 환경** : 모둠별로 모여 참가자들이 함께 즐길 수 있는 장소

실제로 있었던 일들을 서로 소개하고 이 사건들을 소재로 촌극을 재미있게 꾸며보는 놀이입니다. 먼저 5~8명씩 모둠을 구성하고 모둠별로 최근에 겪었던 재미있었던 일, 봉변을 당했던 일, 또는 엉뚱한 사건 중에서 한 사람이 한 가지씩 소개하는 시간을 갖도록 합니다. 시간은 5~7분이 적당합니다.

그런 다음에는 지금까지 나눈 이야기들을 모두 엮어서 재미있는 촌극을 꾸며 보도록 합니다. 서로 연관되지 않은 이야기들이기 때문에 사람들을 난처하게 만들기도 하지만 이것을 가지고 머리를 맞대고 고민하는 과정에서 기발하고 기막힌 촌극을 엮어내기도 합니다. 촌극 준비 시간은 15분에서 20분 사이가 적당합니다.

요단강 건너가 만나리(2.98)
- **인원** : 10~40명
- **준비물** : 8절지 마분지(모둠 당 두 개씩)
- **소요시간** : 1~15분
- **모둠의 형태** : 6~10명으로 구성된 여러 모둠
- **물리적 환경** : 이어달리기를 할 수 있는 장소

이 놀이를 위해 미리 8절지 정도의 크기가 같은 튼튼한 종이나 천으로 된 사각형을 모둠별로 두 개씩 마련해 두십시오. 먼저 모둠을 나누고 출발점과 돌아오는 지점을 지정합니다. 강을 건널 때 배 밖으로 나가면 강물에 빠지는 것처럼 이 놀이 도중 주자의 발이 사각형 밖으로 나오면 처음 출발점부터 다시 시작해야 하므로 조심해서 전진하기 바랍니다.

둘씩 짝을 지어 할 때는 한 사람이 땅에 발이 안 닿으면서 돌아오는 지점을 빨리 통과하도록 다른 한 사람이 계속해서 짝의 발 닿는 곳에 종이 2개를 번갈아 가면서 미리 놓아 주도록 합니다. 돌아올 때는 두 사람이 역할을 바꾸어 하면서 돌아와서 다음 주자인 두 사람에게 넘겨 주십시오. 이렇게 하여 어느 모둠이 먼저 마치는지 겨룹니다. 혼자 달릴 경우는 두 개의 종이를 스스로 앞에 놓고 뛰고 뒤를 돌아 다시 그 종이를 집어서 앞에 놓고 뛰고 하는 형식으로 진행합니다.

스티커 붙이기(2.99)

- **인원** : 20~40명
- **준비물** : 스티커(1인당 10개씩)
- **소요시간** : 15~20분
- **모둠의 형태** : 전체 모둠
- **물리적 환경** : 참가자들이 자유롭게 돌아다니면서 즐길 수 있는 장소

참가자들에게 각각 작은 스티커를 10장씩 나누어 주고 시작이 되면 사람들은 돌아다니면서 만나게 되는 다른 사람과 가위바위보를 하여서 이긴 사람이 진 사람의 얼굴에 스티커를 붙여 줍니다. 스티커를 모두 사용한 사람은 자기 얼굴에 붙어 있는 스티커를 떼어서 붙여줄 수 있습니다. 누가 가장 많은 스티커를 얼굴에 붙이고 있는지 알아 봅니다.

놀이에 대한 생각 〈열〉

우리나라 민속놀이에는 오늘날 우리들이 이미 잃어버린 소중한 교육적인 의미를 고스란히 그것도 듬뿍 담고 있습니다. 민속놀이가 가진 놀이정신이 무엇인지 알아보기로 합시다.

1. 어린이들은 놀이 기구를 직접 만들어서 즐기면서 자연스럽게 창의력을 개발하였습니다. 예를 들면 팽이, 제기, 꽈리, 풀피리, 산가지, 연, 윷, 딱지, 자치기, 바람개비, 고누 등과 같이 이루 헤아릴 수 없을 정도로 많은 놀이 기구들을 어린이들이 직접 만들어서 즐겼습

니다. 이밖에도 우리나라 민속놀이의 7할 정도가 오징어, 말치기, 십자돌기, 8자 놀이, 달팽이 놀이들과 같이 땅바닥에 선을 긋고 하는 놀이입니다. 예전에는 오늘날과 같이 상품화 된 장난감을 가지고 하는 놀이는 찾아볼 수 없었습니다.

2. 우리나라 어린이 민속놀이는 어린이들 스스로 자발적으로 참여하여 즐기는 놀이였습니다. 어른들은 누구나 어린 시절 친구들 집 앞에서 "애들아 놀자!"라고 외쳐 본 적이 있었을 것입니다. 이처럼 어린이들은 자발적으로 놀이를 즐겼지 놀기 싫어하는 친구를 억지로 시킬 수도 없었습니다. 이렇게 자발성에 기초한 놀이에서만이 책임의식을 기대할 수 있습니다.

3. 우리나라 어린이들의 놀이는 숲과 들녘과 같은 자연에서 즐기는 놀이였습니다. 민속놀이치고 손에 흙을 묻히지 않고 할 수 있는 놀이는 거의 없을 것입니다. 어린이들은 놀다 보면 온몸이 흙투성이가 되고 신발을 벗으면 흙이 수북이 담겨져 있을 만큼 자연과 어울리는 놀이였습니다.

4. 우리나라 민속놀이는 9할 이상이 공동체 놀이일 정도로 개인별로 즐기는 놀이는 거의 없습니다. 굳이 명절이 아니더라도 일부러 꺼리를 만들어서 온 동네 사람들이 한 자리에 모여 난장을 벌였습니다. 때로는 이웃 마을 사람들도 함께 어울려서 한 마당을 벌이는 공동체 놀이였습니다.

5. 우리나라 놀이는 비단 어린이들만의 전유물이 아니라 남녀노소 모든 사람들의 것입니다. 어린이들은 어른과 함께 놀면서 어른과 함께 하는 일체감을 느꼈으며 자연스럽게 어른들로부터 예절의 미덕을 배웠습니다.

6. 우리나라 민속놀이는 상당히 과격합니다. 그 대표적인 예로 돌싸움을 들 수 있습니다. 이웃 마을과 주먹만한 돌을 던져서 돌싸움을 벌이다 보면 돌에 맞아 죽는 사람이 생기기도 하였는데 그래도 어쩔 수 없는 일로 넘어갔다고 합니다. 이것은 극단적인 경우겠습니다만, 길 내기, ㄹ자 놀이, 사다리 놀이, 7자 놀이, 칸막기 등과 같은 놀이에서 어린이들은 과격하게 서로 밀고, 당기고, 치고 하면서 즐깁니다. 그러다 보면 우는 아이도 생기고 싸움이 벌어지기도 합니다. 이렇게 하면서 그들은 서로 화해하고 타협하는 지혜를 배워 나갔지요.

7. 우리나라 어린이 민속놀이는 원래 경쟁놀이가 아니라 비경쟁·협동놀이입니다. 경쟁이

없는 놀이는 거의 없습니다만 어린이들은 승패 여부보다는 놀이 자체를 즐겼으며 따로 보상도 없었습니다. 우리 민속놀이에서는 놀다가 계속 처져서 상심한 친구를 배려하는 모습을 자주 보게 되지요.

8. 우리나라의 민속놀이에는 나라와 민족을 사랑하는 정신이 담겨 있습니다. 앞에서 언급한 것처럼 화랑도는 나라와 민족을 생각하는 젊은이들의 놀이 공동체였습니다. 강강술래, 타구 등 그 유래를 더듬어 보면 그 안에는 민족을 사랑하는 정신이 깃들어 있음을 알게 됩니다.

9. 우리나라 민속놀이에는 이웃과의 만남과 사귐뿐 아니라 어려운 이웃과 나누고 봉사하는 정신이 담겨 있습니다. 한가윗날 온 마을 사람들이 한바탕 놀면서 모은 음식과 과일을 그해 농사를 망친 마을 사람들에게 나누어 주고 어려움을 함께 했던 거북놀이가 그 대표적인 모습이라고 하겠습니다.

10. 우리나라 민속놀이는 엄격한 규칙이 있으면서도, 그 안에 융통성이 있어서 매우 느슨합니다. 어린이들은 서로 의논하여 규칙을 정하여 놀이를 하다가 서로 옥신각신할 때가 많습니다. 그러면서 그들은 서로 옳고 그름을 가리고 타협하면서 놀이를 이어 갑니다. 우리나라 민속놀이에는 인간미가 있습니다.

11. 우리나라의 민속놀이치고 몸을 사용하지 않는 놀이는 거의 없습니다. 어린이들은 술래잡기를 하고, '무궁화꽃이 피었습니다'를 하고, 자치기를 하면서 신나게 뛰어 다닙니다. 우리나라 민속놀이는 우리나라 제도교육이 잃어버린 체험학습의 현장입니다.

12. 우리나라 민속놀이에서는 지도자가 따로 없습니다. 어린이들 사이에 지도자가 나오는 것도 아니고 그들이 스스로 규칙을 정하고, 하다가 다툼이 나면 타협하면서 즐겼습니다. 그러는 동안 어린이들은 자유와 자율, 더불어 사는 지혜, 책임의식과 절제의 미덕을 배워 나갔던 것입니다(전국재, 2003).

야외 놀이

동물 왕국(2.100)
- **인원** : 20~40명
- **준비물** : 바인더, 연필, 종이(모둠 수만큼), 그리고 동물(또는 곤충)의 이름을 적은 쪽지들
- **소요시간** : 30~40분
- **모둠의 형태** : 4~6명으로 구성된 여러 모둠
- **물리적 환경** : 여러 가지 지형지물들이 다양하게 널려 있는 숲속

지도자는 사전에 보물찾기를 준비하는 것과 같은 방법으로 보물 쪽지들을 모임장소 구석구석에 감추어 두십시오. 쪽지에는 숲 속에 사는 동물(또는 곤충)들의 이름을 한 가지씩 적어 놓도록 하는데 같은 동물을 여러 개씩 준비해 두어도 좋습니다. 동물의 종류는 현존하는 동물은 물론 이미 멸종되어버린 동물들(공룡, 맘모스 등)을 몇 개 끼워 놓도록 하십시오. 이름만 달랑 적어놓기 보다는 동물 그림도 함께 그려 놓으면 훨씬 좋습니다. 감추어 두는 방법은 바위 틈, 관목 풀섶, 넓은 나뭇잎 뒷면, 나뭇가지 틈새와 같이 눈에 잘 띄지 않는 곳에 압정이나 테이프를 이용하여 붙이십시오.

이렇게 준비를 모두 마치면 4~6명씩 여러 모둠을 만들고 각 모둠에게 종이를 끼운 바인더와 연필을 한 개씩 나누어 주십시오. 시작이 되면 각 모둠 사람들은 각자 흩어져서 조용조용 쪽지를 찾아 다닙니다. 이렇게 하여 쪽지를 찾은 사람은 쪽지에 적힌 동물 이름과 장소를 확인하기만 하고 쪽지를 수집할 수는 없습니다.

쪽지를 확인한 사람은 자기 모둠 주장을 찾아가서 자기가 찾은 동물의 이름과 장소를 알려주도록 하십시오. 이때 주의할 점은 다른 모둠 사람들이 눈치 채지 않도록 해야 한다는 점입니다. 어느 정도 시간이 지난 다음 지도자는 참가자 전원을 한 자리에 모이도록 하고 어느 모둠이 얼마나 많은 쪽지를 찾았는지 알아 보십시오.

지도자는 쪽지를 찾은 사람이 그 쪽지를 다른 사람들이 보지 못하도록 흙이나 낙엽으로 덮어 놓는 식의 얄궂은 짓을 하지 않도록 참가자들에게 알려 주십시오. 놀이를 마친 후에 죽어가는 자연,

이미 멸종했거나 사라져 가는 동식물들이 어떤 것들이 있는지 함께 알아봅니다.

메뚜기 몰아내기(2.101)

- **인원** : 20~30명
- **준비물** : 종이접시
- **소요시간** : 20~30분
- **모둠의 형태** : 10~15명으로 구성된 두 모둠
- **물리적 환경** : 참가자들이 즐겁게 뛰놀 수 있는 크기의 장소

구약 성경 시절에는 메뚜기 떼들로 인해 농작물들이 심각한 피해를 입었다고 합니다. 그래서 어린이들은 메뚜기를 잡는 놀이들을 자주 하였다고 합니다. 한 면이 10m 정도의 큰 사각형을 바닥에 그린 다음 그 사각형 안에 다시 6m정도의 사각형을 그리십시오. 그리고 작은 사각형의 내부 중앙에 종이접시를 기준으로 박아 놓습니다. 메뚜기들은 제일 밖에 서 있고 포수는 두 개의 사각형 사이에 서 있도록 합니다. 지도자가 시작을 알리면 메뚜기들은 중앙의 포수에게 잡히지 않고 종이접시를 손으로 치려고 시도하고 포수는 이를 막기 위해 돌아다니면서 메뚜기를 손으로 칩니다.

포수에게 잡히지 않고 중앙에 들어가서 종이접시를 손으로 친 메뚜기는 5점을 얻고 다시 큰 사각형 밖으로 나와서 처음부터 다시 놀이를 시작할 수 있으나 포수에게 잡힌 메뚜기는 놀이터에서 잠시 나가 있습니다. 메뚜기가 포수에 의해 모조리 잡히면 처음부터 다시 가위바위보를 하여 메뚜기와 포수를 정합니다. 이때 포수와 메뚜기 수, 사각형의 크기는 자유롭게 조절할 수 있습니다(일반적으로 세 모둠으로 나누어서 그 중에 한 모둠이 포수가 되는 것이 적당합니다).

삼각형 축구(2.102)

- **인원** : 20~30명
- **준비물** : 축구공, 반사경을 부착한 길이 2미터 정도의 막대기(골대) 6개
- **소요시간** : 20~30분
- **모둠의 형태** : 같은 인원 수로 구성된 세 모둠
- **물리적 환경** : 운동장 또는 잔디밭

놀이터에 삼각형 모양의 축구장을 그리고 세 꼭짓점에 반사경을 부착한 골대 두 개씩을 땅에 박아 두십시오. 어두운 밤에 하기 때문에 축구 골대에는 작은 불빛에도 반사하는 붉은 반사경을 부착해 두는 것입니다. 세 모둠으로 나누고 각각 골대를 하나씩 차지합니다.

시합은 삼각형의 중심부에서 지도자가 공중에 축구공을 던짐으로써 시작됩니다. 사람들은 서로 상대방의 골문에 축구공을 집어 넣도록 하는데 차고, 굴리는 것만이 아니라 잡아서 던질 수도 있는데 한 사람이 한 번에 5초 이상 공을 잡고 있을 수는 없습니다.

팔짱을 끼면 안전하죠(2.103)
- **인원** : 20~40명
- **준비물** : 없음
- **소요시간** : 20~30분
- **모둠의 형태** : 전체 모둠
- **물리적 환경** : 참가자들이 자유롭게 뛰어다니면서 즐길 수 있는 장소

술래 두 사람을 제외한 모든 사람들은 두 사람씩 짝을 이루어서 한 손은 팔짱 끼고 나머지 바깥쪽 손은 자기의 엉덩이에 대고 서 있도록 합니다. 시작이 되면 술래〈가〉는 도망가는 술래〈나〉를 쫓아가서 잡아야 하는데 술래〈나〉가 도망치다가 급하게 되면 팔짱을 끼고 있는 짝들 중에서 한 사람〈다〉의 팔(엉덩이에 대고 있는)에 팔짱을 낍니다. 그러면 그와 팔짱을 끼고 있던 다른 사람〈라〉(〈다〉의

짝)은 급히 팔짱을 풀고 도망쳐야 합니다. 따라서 이번에는 술래〈가〉가 술래〈다〉를 쫓아가서 잡아야 하지요. 이렇게 하여 잡힌 사람은 술래〈가〉의 역할을 하고 술래〈가〉는 도망치는 사람이 되어서 계속합니다.

물건 수집(2.104)
- 인원 : 20~40명
- 준비물 : 물건 이름들을 적어놓은 쪽지(모둠 수만큼)
- 소요시간 : 15~20분
- 모둠의 형태 : 5~8명으로 구성된 여러 모둠
- 물리적 환경 : 모둠별로 모여서 참가자들이 함께 즐길 수 있는 장소

2~4모둠으로 나누고 지도자가 각 모둠의 주장에게 그 모둠에서 찾아야 할 물건들을 적어 놓은 종이를 나누어 줍니다. 시작이 되면 모둠별로 찾아야 할 물건들을 빨리 구해오도록 하는데, 정해진 시간 내에 가장 많은 물건을 구해오는 모둠이 누구인지 겨루어 볼 수도 있습니다. 물건들은 도토리 하나, 나무에 낀 이끼, 네 잎 클로버, 소나무의 잎, 살아있는 개미 한 마리, 녹슨 철사, 버려진 깡통 등이 있습니다.

골목대장(2.105)
- 인원 : 20~30명
- 준비물 : 없음
- 소요시간 : 15~20분
- 모둠의 형태 : 전체 모둠
- 물리적 환경 : 참가자들이 맘껏 뛰놀 수 있는 장소

같은 인원으로 두세 모둠으로 나누고 인원 수를 생각하여 땅바닥에 적당한 크기의 원을 그린 다음 모든 사람들이 원 안으로 들어 갑니다. 시작이 되면 사람들은 서로 밀거나 잡아당겨서 다른 사람

들을 원 밖으로 내보냅니다. 원 밖으로 밀려나거나 선에 발이 닿은 사람은 즉시 나가도록 하세요. 이렇게 하여 어느 모둠 사람이 가장 마지막까지 살아남는지 겨루어 봅니다.

놀이에 대한 생각 〈열 하나〉

연애 시절 사회사업가였던 아내는 장애인 시설의 보모들을 상담하고 있었습니다. 모두 신실한 그리스도인들인 보모들은 언제나 피곤해 보이더랍니다. 그래서 아내는 어느 날 보모들에게 '진심으로 아이들을 사랑하는 훌륭한 보모가 되기를 바란다면 일주일에 한 번은 아이들을 아예 잊어버리고 시내에 나가서 신나게 놀다가 오라' 고 주문하였다고 합니다.

이 말을 듣고 나는 내심 아내가 자랑스러웠습니다. 진정한 사랑은 결단코 의무감에서 나오지 않습니다. 마음이 즐겁고 편안할 때 사랑은 자연스럽게 전달되고 절로 나누어지는 것이지요. 그러니 나 자신이 스스로 자유와 평안을 누리면서 안식하는 삶을 살아가는 것이 중요합니다.

보디가드(2.106)

- **인원** : 20~30명
- **준비물** : 배구공
- **소요시간** : 15~20분
- **모둠의 형태** : 같은 인원 수로 구성한 두 모둠
- **물리적 환경** : 참가자들이 맘껏 뛰놀 수 있는 장소

　두 모둠으로 나누고 한 모둠을 원으로 된 제한된 구역 안에 몰아넣고 주장을 한 사람 뽑도록 합니다. 다른 한 모둠은 원 밖에 그려진 또 하나의 큰 원에 서서 배구공 등을 던져서 작은 원안의 상대편 주장을 맞추어야 하는데, 주장이 공에 맞으면 놀이는 끝이 납니다. 이때 작은 원안의 사람들은 주장을 제외하고는 한 발로만 서 있어야 하는데 발은 바꿀 수 있습니다. 원 안에 있는 사람들은 두 발이 모두 땅에 닿으면 아웃이 되며(주장을 제외하고는 공을 맞는 것은 상관없습니다), 원 밖에 있는 사람이 던진 공을 작은 원 안에 있는 사람이 노바운드로 잡으면 아웃이 됩니다. 주장이 공에 맞는 순간 놀이는 끝나고 공수를 바꾸어 해 보고 어느 모둠이 더 오래 버티는지 가려 봅니다.

협동 술래(2.107)

- **인원** : 20~30명
- **준비물** : 없음
- **소요시간** : 10~15분
- **모둠의 형태** : 전체 모둠
- **물리적 환경** : 참가자들이 맘껏 뛰놀 수 있는 장소

　가위바위보로 술래 한 사람이 정해지면 술래는 뛰어 다니면서 다른 사람을 손으로 쳐서 잡아야 합니다. 잡힌 사람은 술래의 친구가 되어서 손을 잡고 다른 사람을 잡으러 같이 다닙니다. 이렇게 하다보면 술래들은 계속 늘어나게 되는데, 5명이 되면 2명과 3명으로 나누어서 다른 사람들을 잡을 수 있습니다. 놀이터가 너무 넓으면 힘들기 때문에 인원 수에 따라 놀이 구역의 크기를 적당히 정하도록 합니다.

가로지르기(2.108)

- 인원 : 10~30명
- 준비물 : 없음
- 소요시간 : 15~20분
- 모둠의 형태 : 전체 모둠
- 물리적 환경 : 참가자들이 자유롭게 뛰어다니면서 즐길 수 있는 장소(인원 수를 참고하여 놀이터 크기를 조정하십시오.)

두 사람을 정하여 쫓고 쫓기는 사람이 됩니다. 시작이 되면 두 사람은 쫓고 도망치는데 그 두 사람 사이로 한 사람이 가로질러 가면 쫓아가는 사람은 원래 쫓던 사람을 포기하고 그 대신 자기 앞을 가로질러서 간 사람을 잡아야 합니다. 이렇게 서로 살려주고, 살고 하면서 계속하다가 술래에게 잡힌 사람이 나오면 그 사람이 다시 술래가 됩니다.

알까기(2.109)

- 인원 : 20~40명
- 준비물 : 없음
- 소요시간 : 15~20분
- 모둠의 형태 : 전체 모둠
- 물리적 환경 : 참가자들이 자유롭게 뛰어다니면서 즐길 수 있는 장소

직경 15~20미터의 원을 그리고 모두 원 안으로 들어갑니다. 세 모둠으로 나누고 그 중에 〈가〉모둠이 술래가 됩니다. 시작이 되면 술래 모둠은 〈나〉와 〈다〉모둠사람들을 쫓아다니면서 붙잡습니다. 붙잡힌 사람은 그 자리에서 다리를 크게 벌리고 서 있어야 합니다. 그러나 살아있는 사람이 잡힌 사람의 다리 사이를 기어서 빠져 나가면 술래에게 잡힌 사람은 다시 살게 됩니다. 이렇게 하여 모두 잡으면, 〈나〉모둠이 잡으러 다니고, 〈가〉와 〈다〉모둠은 도망을 칩니다. 각각 시간을 재어서 어느 모둠이 가장 먼저 잡는지를 겨루어봅시다.

만지기(2.110)
- 인원 : 20~40명
- 준비물 : 없음
- 소요시간 : 10~15분
- 모둠의 형태 : 전체 모둠
- 물리적 환경 : 참가자들이 자유롭게 뛰어다니면서 즐길 수 있는 장소

모두 한 줄로 늘어선 다음 각자 자기 번호를 가집니다. 지도자가 근처에 있는 물건들 중에서 한 가지를 크게 외치면 모든 사람들은 그 물건이 있는 자리로 달려가서 손을 댑니다. 예를 들면 "○○○선생님의 오른쪽 발바닥", "○○○의 엉덩이", "○○○의 코", "개미 꼬리"하는 식으로 난처하면서도 재미있는 과제를 주면서 계속 진행합니다.

족구(2.111)
- 인원 : 6~12명
- 준비물 : 축구공, 네트
- 소요시간 : 30~40분
- 모둠의 형태 : 같은 인원 수로 나눈 두 모둠
- 물리적 환경 : 족구장

발로 하는 배구로 손을 제외한 전신으로 공을 다룰 수 있습니다. 상대방 코트에서 넘어온 볼은 3회 토스 안에 다시 넘겨야 하는데 바닥에 공이 닿아도 괜찮습니다. 1회 15점, 3판 2선승 또는 5판 3선승으로 진행하고 각 판이 끝날 때마다 코트를 바꾸도록 하십시오. 네트가 없는 경우에는 코트 중앙에 중간 지대를 설정하여 운영할 수 있습니다. 이때는 중간 지대에 공이 닿으면 아웃이 되고 발이 닿아도 아웃이 됩니다.

럭비공 발야구(2.112)

- **인원** : 12~20명
- **준비물** : 럭비공
- **소요시간** : 30~40분
- **모둠의 형태** : 6~10명으로 구성된 두 모둠
- **물리적 환경** : 운동장

두 모둠으로 나누고 공격과 수비를 정합니다. 럭비공은 둥글지 않으므로 투수가 굴린 공을 찰 수가 없고, 공을 홈베이스에 놓고 차도록 합니다. 발에서 떠나 땅에 닿은 럭비공은 정신없이 아무 방향으로 제멋대로 튕기는데 이것이 매력이기도 합니다. 루간 거리는 약간 좁히는 것이 좋습니다. 공이 선 안에 떨어져서 밖으로 튕겨 나가도 유효합니다. 이밖에 나머지 규칙은 야구와 동일합니다.

움직이는 농구대(2.113)

- **인원** : 10~20명
- **준비물** : 농구공 또는 배구공, 의자와 휴지통(두 개씩)
- **소요시간** : 20~30분
- **모둠의 형태** : 같은 수로 구성된 두 모둠
- **물리적 환경** : 운동장

 두 모둠으로 나누고, 농구와 같이 중앙선에서 점프볼로 시작합니다. 공을 잡은 사람은 걷거나 뛸 수 없으므로 공을 잡은 사람은 한 발만을 움직여서 토스할 수 있습니다. 의자 위에 선 사람은 휴지통을 마음대로 움직여서 날아오는 공을 받아내면 득점이 됩니다.
 놀이규칙은 다음과 같습니다. 1) 공을 갖고 뛸 수 없습니다. 2) 공을 가진 선수를 치면 파울을 얻게 되며, 3) 파울을 유도한 선수가 공격권을 갖게 됩니다. 4) 의자(골대)가 들어 있는 직경 2미터 원 안에는 아무도 들어갈 수 없습니다.

돌아 돌아(2.114)

- **인원** : 20~30명
- **준비물** : 없음
- **소요시간** : 15~20분

- **모둠의 형태** : 전체 모둠
- **물리적 환경** : 참가자들이 둘러서서 뛰놀 수 있는 장소

옆 사람과 손을 잡고 둥글게 들과 손을 잡고 앉은 다음 술래 한 사람을 정하여 원 밖에 서 있도록 합니다. 시작이 되면 원 주위를 어슬렁거리고 때로는 마구 뛰다가는 사람들이 잡고 있는 손목을 손으로 치면 두 사람은 그 즉시 자리에서 일어나 서로 반대 방향으로 달려가서 제 자리로 돌아와 앉아야 합니다. 이때 술래는 그 자리에 여유 있게 앉을 수 있으므로 빨리 돌아온 한 사람만이 제 자리를 차지할 수 있게 되고 나머지 사람은 새 술래가 됩니다. 제자리에 되돌아갈 가능성이 없어 보일 때는 달리던 중에 다른 사람들의 손목을 칠 수도 있지요. 그렇게 되면 한꺼번에 네 사람이 달리게 됩니다.

여우꼬리(2.115)

- **인원** : 20~30명
- **준비물** : 노끈(1m 정도)
- **소요시간** : 15~20분
- **모둠의 형태** : 전체 모둠
- **물리적 환경** : 참가자들이 자유롭게 뛰어다니면서 즐길 수 있는 장소

술래 한 사람이 여우가 되고 다른 사람들은 한 변이 10미터 정도인 정방형의 놀이터에 흩어져 서 있습니다. 여우는 길이가 1.5미터 정도 되는 노끈을 등 뒤 허리춤에 끼웁니다. 시작이 되면 여우는 사람들을 쫓아가서 손으로 치는데 잡힌 사람은 그 즉시 몸이 굳어 버려서 꼼짝할 수 없습니다. 이렇게 여우가 사람들을 잡으러 다닐 때 어떤 사람이 용감하게도 여우의 뒤로 다가가서 꼬리를 낚아채면 그 사람이 여우(술래)가 되고 그때까지 잡혀서 몸이 굳어버린 사람들이 다시 살아나게 되지요. 그 대신 꼬리를 빼앗긴 여우가 몸이 돌덩이가 되고, 꼬리를 다시 매단 여우(새 술래)가 다시 사냥을 떠납니다.

길어지는 꼬리(2.116)

- **인원** : 20~40명
- **준비물** : 없음
- **소요시간** : 15~20분
- **모둠의 형태** : 전체 모둠
- **물리적 환경** : 참가자들이 자유롭게 뛰어다니면서 즐길 수 있는 장소

가로, 세로 15미터의 정사각형을 운동장에 그리고 사람들은 그 안에 들어갑니다. 술래 세 명을 정하고 나머지 사람들은 술래로부터 멀찌감치 떨어져 있도록 합니다. 시작이 되면 술래들은 도망가는 사람들을 손으로 쳐서 잡는데, 잡힌 사람은 또 다른 술래가 되어서 원래의 술래와 손을 잡고 다니면서 사람들을 다시 잡으러 다닙니다. 시간이 지날수록 술래들의 꼬리는 길어만 가고, 남은 사람은 갈수록 줄어들게 되지요. 이렇게 하여 마지막 사람이 잡힐 때까지 계속 합니다.

포위망을 뚫어라(2.117)

- **인원** : 20~40명
- **준비물** : 없음
- **소요시간** : 15~20분
- **모둠의 형태** : 같은 인원 수로 구성된 두 모둠
- **물리적 환경** : 참가자들이 자유롭게 뛰어다니면서 즐길 수 있는 장소

두 모둠으로 나누고 한 모둠은 손을 잡고 원을 만들며, 다른 모둠은 원 안으로 모두 들어갑니다. 시작이 되면 원안의 모둠 사람들은 자신들을 둘러싸고 있는 원을 뚫고 밖으로 나와야 합니다. 이때 원을 만들고 있는 모둠 사람들은 땅바닥에 내딛은 발은 움직일 수 없고 다만 상체만을 움직여서 상대 모둠 사람들이 뚫고 나가는 것을 막아야 합니다. 시간을 정해 놓고 이렇게 두 모둠이 번갈아 해보고 어느 모둠이 더 많이 빠져 나오는지를 겨루어 봅니다. 그 다음에는 다시 원 안으로 들어가는 놀이로 이어져도 재미있지요.

아수라장(2.118)

- **인원** : 20~40명
- **준비물** : 없음
- **소요시간** : 15~20분
- **모둠의 형태** : 5~10명으로 구성된 네 모둠
- **물리적 환경** : 참가자들이 자유롭게 뛰어다니면서 즐길 수 있는 장소

같은 인원을 네 모둠으로 나누어 각각 사각형 놀이터의 귀퉁이를 하나씩 차지합니다. 시작이 되면 각 모둠 사람들은 잽싸게 대각선 방향의 반대편 귀퉁이로 달려갑니다. 이렇게 하여 어느 모둠이 가장 먼저 대각선 반대편 귀퉁이로 돌아갔는지 알아봅니다. 가장 먼저 도착한 모둠은 1점을 얻게 되며 이런 방식으로 반복하여 어느 모둠이 가장 많은 점수를 얻는지 겨루어 봅니다. 다른 모둠 사람들을 가로막거나 붙잡는 것은 반칙입니다. 단순히 뛰는 대신 뒷걸음질하기, 외발로 달리기, 오리걸음, 옆으로 달리기, 2인 3각, 기어가기 등으로 다양하게 진행할 수 있습니다.

큰길과 오솔길(2.119)

- **인원** : 30~40명
- **준비물** : 없음
- **소요시간** : 15~20분
- **모둠의 형태** : 전체 모둠
- **물리적 환경** : 참가자들이 자유롭게 뛰어다니면서 즐길 수 있는 장소

술래 두 사람을 정하여 각각 토끼와 여우가 되어서 나머지 사람들이 그림과 같이 인간 미로를 만들어서 옆 사람과 손을 잡고 정렬한 곳 반대편에 섭니다. 시작이 되면 여우는 토끼를 잡으러 인간 미로를 따라 뛰어가고 토끼는 도망을 치는데 지도자가 토끼가 잡힐 것 같으면 "큰길"과 "오솔길"을 외쳐서 여우가 토끼를 잡을 수 없도록 도와 줍니다. 즉 술래가 "큰길"이라고 외치면 사람들은 오른쪽 방향으로 몸을 돌려서 옆 사람과 손을 잡고, "오솔길"하고 외치면 사람들은 왼쪽 방향으로 몸을 돌려 옆 사람의 손을 잡는 것입니다. 이렇게 하여 여우가 술래를 잡을 때까지 계속 하다가 잡히면 다시 토끼와 여우를 정하여 계속해 보세요.

다람쥐(2.120)

- **인원** : 20~40명
- **준비물** : 없음
- **소요시간** : 15~20분
- **모둠의 형태** : 전체 모둠
- **물리적 환경** : 참가자들이 자유롭게 뛰어다니면서 즐길 수 있는 장소

 네 명씩 여러 모둠을 만들고 술래 세 사람을 정하여 사냥개 한 마리와 다람쥐 두 마리가 됩니다. 각 모둠에서 세 사람이 서로 손을 잡고 원을 만들어서 속이 텅 빈 통나무가 되고 나머지 한 사람은 다람쥐가 되어서 그 안에 들어갑니다. 시작이 되면 사냥개는 원 안에 들어가 있지 않은 다람쥐 두 마리를 쫓아가서 잡는데 다람쥐는 도망치다가 잡힐 것 같으면 근처의 원(통나무) 안으로 쏙 들어가면 안전합니다. 그러나 원 안에는 다람쥐 한 마리만 있을 수 있기 때문에 그 안에 먼저 들어가 있던 다람쥐는 원을 빠져나와 도망쳐야 합니다. 이렇게 하여 사냥개가 다람쥐를 치면 잡힌 다람쥐는 사냥개가 되어서 다시 합니다.

까치와 까마귀(2.121)

- **인원** : 10~40명
- **준비물** : 없음

- **소요시간** : 10~15분
- **모둠의 형태** : 같은 인원수로 구성된 두 모둠
- **물리적 환경** : 참가자들이 자유롭게 뛰어다니면서 즐길 수 있는 장소

두 모둠으로 나눈 다음 20미터 간격을 두고 평행선을 그은 안전선을 각각 하나씩 차지하여 정렬하도록 합니다. 각 모둠에서 주장이 나와서 '까치'와 '까마귀' 중에서 하나씩 정하도록 합니다. 지도자는 두 모둠을 다시 평행선 사이 중앙선에 모여서 1미터 간격을 두고 마주보고 서도록 합니다. 지도자는 "까까까까 까……"하고 중얼대다가 갑자기 "까치"와 "까마귀" 중에서 한 가지를 크게 외칩니다. 이때 '까치'라고 외치면 까치 모둠 사람들은 까마귀 모둠 사람들이 안전선으로 돌아가기 전에 이들을 쫓아가서 잡아야 하며, '까마귀'라고 외치면 까마귀들이 까치들을 쫓아가서 잡아야 합니다. 잡힌 사람의 수만큼 점수를 얻게 되며 같은 방법으로 계속합니다. 지도자는 까치와 까마귀를 너무 솔직하게 외치지 말고 "까까까까…까르르"라고 한다거나 "까마중" "까꿍" "까까중"하는 식으로 골탕을 먹일 수 있습니다. 음식에 맛을 내는 양념과 같은 애교이지요.

황새 치기(2.122)
- **인원** : 20~40명
- **준비물** : 없음
- **소요시간** : 10~15분
- **모둠의 형태** : 전체 모둠
- **물리적 환경** : 참가자들이 자유롭게 뛰어다니면서 즐길 수 있는 장소

술래를 한 사람 뽑은 다음 인원수에 따라 6-18m 정도의 놀이구역을 정해 놓으십시오. 시작이 되면 술래는 사람들을 손으로 치기 시작하는데 술래에게 잡히는 사람은 황새처럼 한쪽 다리를 들고 서 있으면 술래는 그 사람을 잡을 수 없습니다. 하지만 황새는 한 다리를 들고 균형을 잃어서는 안 되고 웃어서도 안 됩니다. 이를 이용하여 술래는 한 다리를 들고 있는 사람(황새)을 웃길 수 있는데 이때 다른 사람들은 30초를 세어 주십시오. 그 사람이 웃지 않고 다리 한 쪽을 무사히 들고 있으면 다행이지만 그렇지 않으면 잡히게 되서 새 술래가 되어서 다시 해야 합니다.

빨래들의 대행진(2.123)
- **인원** : 10~40명
- **준비물** : 참가자들이 소지하고 있는 물건이나 옷가지 등
- **소요시간** : 15~20분
- **모둠의 형태** : 5~8명으로 구성된 여러 모둠
- **물리적 환경** : 참가자들이 자유롭게 뛰어다니면서 즐길 수 있는 장소

2~4모둠으로 나누고 출발선에 정렬합니다. 지도자는 갑자기 "주머니에 들어 있는 물건, 입고 있는 옷, 신발과 같이 가지고 있는 모든 것들을 가지고 가장 긴 줄을 만들어 보세요. 묶지 않아도 되고 물건의 끝과 끝만 닿게 땅바닥에 놓으면 됩니다. 자, 그럼 시작하세요!"라고 말합니다. 사람들은 맨 처음에는 윗도리, 양말, 신발 끈 정도만 하다가 나중에 무엇이 나오게 될지 모를 정도로 기발하고 엉뚱한 물건들이 나오게 되지요.

지네 경주(2.124)
- **인원**: 10~40명
- **준비물**: 없음
- **소요시간**: 10~15분
- **모둠의 형태**: 4~6명으로 구성된 여러 모둠
- **물리적 환경**: 참가자들이 자유롭게 뛰어다니면서 즐길 수 있는 장소

모든 모둠은 이어달리기 대형으로 서고 두 손과 발을 모두 땅에 대고 앉은 상태에서 양 손으로 앞 사람의 발꿈치를 잡으면 영락없는 지네 모양이 됩니다. 시작이 되면 이런 상태에서 반환점을 돌아옵니다. 앞으로 나아가면서 한 사람도 떨어지지 않도록 하십시오. 두 사람씩, 또는 3-5명이 함께 하도록 하십시오. 이 놀이는 안전상 잔디밭에서 하는 것이 좋습니다.

물 깃는 처녀(2.125)

- **인원** : 10~40명
- **준비물** : 물컵과 풍선(모둠 수만큼)
- **소요시간** : 15~20분
- **모둠의 형태** : 4~8명으로 구성된 여러 모둠
- **물리적 환경** : 참가자들이 자유롭게 뛰어다니면서 즐길 수 있는 장소

인원 수에 따라 2~4 모둠으로 나누고 출발선에 정렬합니다. 각 모둠의 첫 번째 사람들에게 물이 들어 있는 종이컵 한 개와 풍선을 나누어 줍니다. 시작이 되면 머리에 물컵을 이고 가랑이에는 풍선을 끼고 조심조심 반환점을 돌아와서 다음 사람에게 연결해 줍니다. 물컵을 떨어뜨린 경우에는 다른 사람이 와서 그 자리에서 물을 채우고 다시 시작합니다.

빙글빙글(2.126)

- **인원** : 10~30명
- **준비물** : 야구방망이
- **소요시간** : 15~20분
- **모둠의 형태** : 5~8명으로 구성된 여러 모둠
- **물리적 환경** : 참가자들이 자유롭게 뛰어다니면서 즐길 수 있는 장소

모둠별로 이어달리기대형으로 정렬한 다음, 시작하면 각 모둠에서 한 사람씩 반환점으로 달려가서 놓여 있는 야구방망이 끝에 이마를 대고 한쪽 끝을 땅에 댄 상태에서 10바퀴를 빙글빙글 돕니다. 그런 다음 조심하여 출발선까지 달려와서 다음 사람과 교대합니다. 그렇게 돌다보면 평형감각을 잃어서 몸이 저절로 한쪽으로 기울어 넘어지기 쉬우므로 시작하기 전에 주변에 있는 위험한 물건들을 사전에 잘 치워 두도록 하십시오. 그래서 이 놀이는 모래사장이나 잔디밭에서 하는 것이 가장 좋습니다.

보물 캐기(2.127)

- **인원** : 10~40명
- **준비물** : 물건 이름을 적은 쪽지들
- **소요시간** : 10~15분

- **모둠의 형태** : 5~8명으로 구성된 여러 모둠
- **물리적 환경** : 참가자들이 자유롭게 뛰어다니면서 즐길 수 있는 장소

2~4모둠으로 나누고 이어달리기 대형으로 정렬합니다. 반환점에는 쪽지들을 넣어둔 종이상자를 넣어둡니다. 시작하면 첫 번째 사람들은 반환점으로 달려가서 상자 안에 들어 있는 쪽지를 한 장 꺼내서 자기 모둠으로 돌아옵니다. 이때 반환점에서 쪽지를 펴 보아서는 안 됩니다. 자기 모둠으로 돌아온 사람들은 쪽지를 펴 보고 거기에 적힌 물건을 구해 옵니다. 이때 모둠 사람들은 그 물건을 빨리 찾을 수 있도록 도십시오. 이렇게 하여 가장 먼저 물건을 구해온 사람의 모둠이 1점을 얻게 되며 같은 방법으로 여러 번 계속합니다. 쪽지들 중에는 가끔씩 "꽝"이라고 적어 놓은 쪽지라든지, '춤 잘 추는 사람', '발이 큰 사람'과 같이 사람을 찾는 내용을 넣어 두어도 재미있습니다.

장님인도(2.128)

- **인원** : 20~40명
- **준비물** : 눈가리개(모둠 당 2개씩)
- **소요시간** : 10~15분
- **모둠의 형태** : 5~8명으로 구성된 여러 모둠
- **물리적 환경** : 참가자들이 자유롭게 뛰어다니면서 즐길 수 있는 장소

2~4모둠으로 나누고 모둠별로 남녀가 짝이 되어서 눈가리개를 한 남자 등에 여자가 업힙니다. 시작이 되면 여자는 말로 인도하여 남자가 장애물을 건드리지 않고 반환점을 돌아오도록 합니다. 이렇게 하여 어느 모둠이 제일 먼저 돌아오는지 겨루어 봅니다.

깡통 차기(2.129)
- 인원 : 20~30명
- 준비물 : 눈가리개, 막대기와 깡통(모둠 수만큼)
- 소요시간 : 15~20분
- 모둠의 형태 : 5~8명으로 구성된 여러 모둠
- 물리적 환경 : 참가자들이 자유롭게 뛰어다니면서 즐길 수 있는 장소

같은 크기의 여러 모둠을 만들고 모둠별로 출발선에 정렬합니다. 반환점에는 모둠 수만큼의 깡통을 세워놓습니다. 시작이 되면 첫 번째 주자들은 눈가리개를 하고 출발선에 있는 막대기를 들고 조심조심 깡통이 있는 곳으로 다가갑니다. 이때 동료들은 자기 편 사람이 깡통에 바로 접근할 수 있도록 큰 소리로 방향을 알려주세요. 깡통에 도달하여 막대기로 깡통을 맞춘 사람은 그 자리에서 눈가리개를 벗고 반환점으로 돌아와서 다음 사람과 교대합니다.

과자나무열매 따먹기(2.130)
- 인원 : 10~40명
- 준비물 : 끈으로 매달아 놓은 과자, 막대기
- 소요시간 : 15~20분
- 모둠의 형태 : 5~8명으로 구성된 여러 모둠
- 물리적 환경 : 참가자들이 자유롭게 뛰어다니면서 즐길 수 있는 장소

2~4모둠으로 나누고 이어달리기 대형으로 정렬합니다. 시작하면 첫 번째 사람들은 반환선으로 달려가서 입으로 줄에 매달려 있는 과자를 따 먹습니다. 손은 사용할 수 없고 다만 입으로만 과자를 물어야 합니다. 그야말로 놀면서 먹는 놀이라지만 과자 따먹기가 왜 그리 어려운지요! 과자가 매달

려있는 높이는 코에 간신히 닿을 만큼이어서 찰랑찰랑 움직일 수 있도록 하는 것이 좋습니다.

움마! 무서워(2.131)
- **인원** : 10~40명
- **준비물** : 풍선(인원 수만큼), 밀가루 약간
- **소요시간** : 10~15분
- **모둠의 형태** : 5~8명으로 구성된 여러 모둠
- **물리적 환경** : 참가자들이 자유롭게 뛰어다니면서 즐길 수 있는 장소

2~4모둠으로 나누고 이어달리기 대형으로 정렬한 다음 모든 참가자들에게 풍선을 한 개씩 나누어 줍니다. 시작이 되면 대열의 첫 번째 사람들은 반환점으로 달려가서 풍선을 힘껏 불어서 풍선을 터뜨립니다. 이때 손톱이나 이빨을 이용해서 터트릴 수 없으며 오직 풍선을 크게 불어서 터뜨려야 합니다. 풍선을 터뜨린 사람은 출발선으로 달려와서 다음 친구와 교대합니다. 풍선 속에 조금씩 밀가루를 넣어 두면 풍선이 터질 때 가관입니다.

문장 만들기(2.132)
- **인원** : 10~40명
- **준비물** : 모둠 당 한 글자씩 적어 놓은 쪽지들(예; '예수 그리스도 찬양'의 경우에는 한 장에 한 자씩 8장이 됩니다.)
- **소요시간** : 15~20분
- **모둠의 형태** : 4~6명으로 구성된 여러 모둠
- **물리적 환경** : 참가자들이 자유롭게 뛰어다니면서 즐길 수 있는 장소

3~4모둠으로 만들고 이어달리기 대형으로 정렬합니다. 반환점에는 글자가 한 개씩 쓰여 있는 쪽지들이 널려 있는데 글자가 보이지 않도록 덮어놓습니다. 문장을 구성하는 글자 수는 같아야 합니다(8자로 구성된 문장 예: '예수 그리스도 찬양', '네 이웃을 사랑하라', '회개하여 광명 찾자' 등).

지도자는 완성된 문장이 적혀 있는 쪽지들을 각 모둠에서 첫 번째로 나온 사람들에게 한 장씩 제비 뽑도록 합니다. 시작이 되면 첫 번째 사람은 반환점으로 달려가서 종이를 들춰 보아서 자기가 찾는 글자를 찾아서 돌아옵니다. 두 번째 주자는 두 번째 글자를 찾고 돌아오는 식으로 하여 가장 먼저 마친 모둠이 이깁니다.

네 발로 달려요(2.133)

- **인원** : 10~40명
- **준비물** : 모둠별로 한 변이 30cm 정도의 종이 4장
- **소요시간** : 15~20분
- **모둠의 형태** : 5~8명으로 구성된 여러 모둠
- **물리적 환경** : 참가자들이 자유롭게 뛰어다니면서 즐길 수 있는 장소

3~6모둠으로 나누고 이어달리기대형으로 출발선에 정렬합니다. 두 손을 땅에 대고 반환선을 빨리 돌아와서 다음 사람과 연결하는 이어달리기인데 이때 뒷사람은 네 발로 걷는 사람의 손과 발이 땅에 닿지 않도록 종이를 앞으로 계속 놓아줍니다. 이렇게 하여 무사히 반환선을 돌아 출발선으로 돌아오면 이번에는 종이를 놓던 사람(두 번째)이 엎드리고 세 번째 사람이 종이를 놓아 줍니다. 이렇게 하여 어느 모둠이 제일 먼저 마치는지 겨루어 봅니다. 종이는 4장 중에서 2, 3장만 사용해도 재미있습니다.

탁구공 저금통(2.134)

- 인원 : 10~30명
- 준비물 : 탁구공과 종이컵(모둠 수만큼)
- 소요시간 : 15~20분
- 모둠의 형태 : 5~8명으로 구성된 여러 모둠
- 물리적 환경 : 참가자들이 자유롭게 뛰어다니면서 즐길 수 있는 장소

모둠을 나누고 이어달리기 대형으로 출발선에 정렬합니다. 반환점에 입구의 직경이 반 뼘 정도 되는 물컵을 모둠 수만큼 놓아 둡니다. 각 모둠의 첫 번째 주자들에게 탁구공을 한 개씩 나누어 주고 무릎 사이에 끼도록 합니다. 시작이 되면 탁구공을 무릎 사이에 끼고 조심스럽게 그러나 빨리 반환점으로 달려가서 거기에 놓인 컵에 탁구공을 떨어뜨려 놓습니다. 이동 중이나 컵에 탁구공을 집어넣다가 떨어뜨린 경우에는 그 자리에 서서 탁구공을 다시 무릎 사이에 끼우고 계속합니다.

풍선 쓸기(2.135)

- 인원 : 10~40명
- 준비물 : 풍선과 빗자루(모둠 수만큼)
- 소요시간 : 15~20분
- 모둠의 형태 : 5~8명으로 구성된 여러 모둠
- 물리적 환경 : 참가자들이 자유롭게 뛰어다니면서 즐길 수 있는 장소

시작이 되면 참가자들은 풍선을 빨리 분 다음, 풍선을 빗자루로 쓸어서 반환점으로 돌아옵니다. 풍선은 가볍기 때문에 의외로 많은 시간이 걸립니다. 출발점과 반환점까지의 거리는 8-10미터 정도가 적당하며, 풍선을 쓸다가 터지게 되면 그 자리에서 풍선을 불어서 다시 시작합니다.

모든 것은 풍선 안에 있지요(2.136)
- 인원 : 10~30명
- 준비물 : 풍선, 밀가루, 쪽지
- 소요시간 : 15~20분
- 모둠의 형태 : 5~8명으로 구성된 여러 모둠
- 물리적 환경 : 참가자들이 자유롭게 뛰어다니면서 즐길 수 있는 장소

모둠별로 이어달리기 대형으로 출발선에 섭니다. 시작이 되면 첫 번째 사람들은 반환점으로 달려가서 풍선 하나를 주워서 터뜨립니다. 풍선 안에는 밀가루가 들어 있어서 터지는 순간이 볼만하지요. 풍선 안에는 쪽지가 하나 들어 있는데 거기에 적혀 있는 대로 해야 합니다. 쪽지의 내용을 마치고나면 출발선에 돌아와서 다음 사람과 교대합니다.

웬 망신!(2.137)
- 인원 :10~20명
- 준비물 : 의자 두 개
- 소요시간 : 15~20분
- 모둠의 형태 : 같은 인원으로 구성된 두 모둠
- 물리적 환경 : 참가자들이 자유롭게 뛰어다니면서 즐길 수 있는 장소

두 모둠을 만들어서 이어달리기대형으로 방 한쪽 끝에 정렬하고 반대편에는 의자를 두 개 놓아 둡니다. 의자 위에는 엉뚱하고, 난처한 내용이 한 가지씩 적혀 있는 메모지를 인원 수만큼 놓아 두십시오. 시작이 되면 첫 번째 사람들은 의자로 달려가서 쪽지를 한 장 들고 쪽지에 적혀 있는 지시

사항을 그 자리에서 합니다. 제자리로 돌아온 첫 번째 사람은 다시 두 번째 사람과 팔짱을 끼고 다시 의자로 달려가서 쪽지를 한 장 집어 듭니다. 지시된 사항을 마치고 돌아오면 다시 세 번째 사람이 합류하여 팔짱을 낀 채로 의자를 향해 달려갑니다. 결국 첫 번째 사람은 인원 수만큼 계속 하게 되니까 열의 마지막 사람은 한 번만 하면 되지요. 지시문의 예를 들면 다음과 같은 것들입니다.

1. 엉덩이로 부모님께서 정해 주신 가훈을 쓰십시오.
2. 동요 '고드름'을 예쁜 율동과 함께 큰 목소리로 부르십시오.
3. 신발과 양말을 모두 벗어 버리십시오.
4. 앞에 놓인 콜라(1.5리터)를 모두 마셔 버리십시오.
5. 친구의 허리를 잡고 기차놀이를 하면서 출발점으로 돌아오는데 반드시 한쪽 발은 들고 깡충깡충 뛰어가야 합니다.
6. '동전을 8개 구해 오십시오' 등과 같은 내용인데 모둠별로 같은 내용이 아니어도 좋습니다.

물고문(2.138)

- **인원** : 10~20명
- **준비물** : 물컵과 주전자(모둠 수만큼)
- **소요시간** : 15~20분
- **모둠의 형태** : 같은 인원 수로 구성된 여러 모둠
- **물리적 환경** : 참가자들이 자유롭게 뛰어다니면서 즐길 수 있는 장소

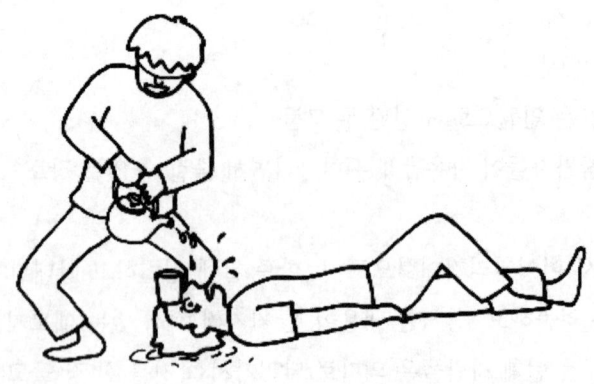

각 모둠에서 한 사람씩 나와서 반환점에 누운 다음 이마 위에 종이컵을 올려 놓습니다. 그리고 첫 번째 사람들에게 물이 들어 있는 주전자를 한 개씩 나누어 줍니다. 시작이 되면 사람들은 눈가리개를 한 채로 반환점에 누워 있는 자기편 사람에게 다가가서 이마 위에 놓인 컵에다가 주전자 물을 부어서 채운 다음 출발선으로 돌아와서 다음 사람과 교대합니다. 반환점에 누워있는 사람은 움직일 수는 없지만 말로 물컵의 위치를 가르쳐 줄 수 있습니다.

원 피구(2.139)

- **인원** : 20~40명
- **준비물** : 배구공
- **소요시간** : 20~30분
- **모둠의 형태** : 같은 인원 수로 구성된 두 모둠
- **물리적 환경** : 참가자들이 자유롭게 뛰어다니면서 즐길 수 있는 장소

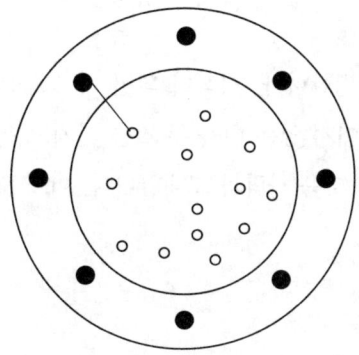

두 모둠으로 나눈 다음 한 모둠은 큰 원에 둘러서고 다른 모둠은 원 안의 작은 원으로 둘러가 섭니다. 시작이 되면 큰 원 둘레에 선 사람들은 배구공을 던져서 작은 원 안에 있는 사람들의 무릎 아래쪽을 맞추어야 합니다. 무릎 아랫 부분을 맞은 사람들은 아웃이 되며, 모두 아웃이 되면 두 모둠은 공수를 바꾸어서 다시 합니다. 무릎 위를 맞추거나 던진 공을 작은 원 안에 있는 사람이 노바운드로 받으면 공을 던진 사람은 아웃이 됩니다. 공수를 바꾸어서 해 보고 어느 모둠이 더 오래 견디는지 겨루어 봅니다.

병 세우기 (2.140)

- **인원** : 10~30명
- **준비물** : 의자와 음료수병(모둠 수만큼)
- **소요시간** : 15~20분
- **모둠의 형태** : 5~8명으로 구성된 여러 모둠
- **물리적 환경** : 참가자들이 자유롭게 뛰어다니면서 즐길 수 있는 장소

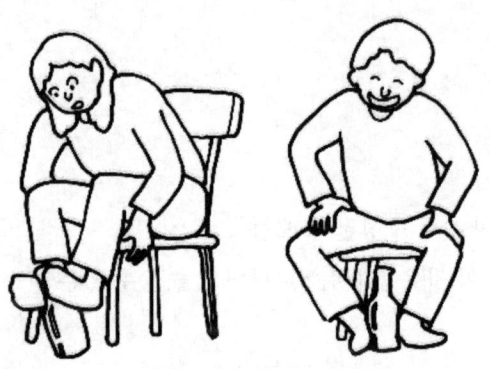

2~4모둠으로 나누고 출발선에 정렬합니다. 시작이 되면 각 모둠의 첫 번째 사람들은 반환점에 놓여 있는 의자에 앉아서 그 앞에 뉘어져 있는 병을 두 발을 가지고 세웁니다. 완전히 세운 다음 다시 쓰러뜨린 다음 출발선으로 돌아와 다음 사람과 교대합니다. 어느 모둠이 빨리 마칠까요?

꼬리치기 (2.141)

- **인원** : 20~40명
- **준비물** : 배구공
- **소요시간** : 20~30분
- **모둠의 형태** : 같은 인원 수로 구성된 두 모둠
- **물리적 환경** : 참가자들이 자유롭게 뛰어다니면서 즐길 수 있는 장소

　두 모둠으로 나누고 모둠별로 직경 15~18미터의 원을 그리고 각 모둠에서 세 명씩 대표들이 나와서 상대방 원 안에 들어가 앞 사람의 허리를 잡는데 세 사람은 순서대로 머리, 몸통, 꼬리가 됩니다. 공격 모둠은 시작이 되면 꼬리인 세 번째 사람을 배구공으로 맞춥니다. 세 번째 사람인 꼬리가 공에 맞으면 세 번째 사람은 머리가 되고 두 번째 사람이 다시 꼬리가 됩니다. 이렇게 하여 세 사람을 먼저 맞춘 모둠이 1점을 얻게 됩니다.

고깔 쓰러뜨리기(2.142)

- **인원** : 10~20명
- **준비물** : 축구공, 고깔 두 개
- **소요시간** : 20~30분
- **모둠의 형태** : 같은 인원수로 구성된 두 모둠
- **물리적 환경** : 참가자들이 자유롭게 뛰어다니면서 즐길 수 있는 장소

　길이 1미터 정도의 막대기 세 개를 직경 2미터의 원 안에 서로 기대어 세워 놓고 두 모둠은 각각 자기 진영에서 마주보고 섭니다. 시작이 되면 발로 공을 차서 상대편의 삼각대를 맞혀서 쓰러뜨리면 1득점이 되는데 시간을 정하지 않고 점수를 정해 놓고 할 수도 있습니다. 모든 선수들은 삼각대가 세워져 있는 원 안으로 들어갈 수 없으며, 전후반 15분 또는 20분이 적당합니다.

빗자루 축구(2.143)

- **인원** : 20~30명
- **준비물** : 빗자루(인원 수만큼), 고무공(탱볼), 의자
- **소요시간** : 15~20분
- **모둠의 형태** : 같은 인원수로 구성된 두 모둠
- **물리적 환경** : 참가자들이 자유롭게 뛰어다니면서 즐길 수 있는 장소

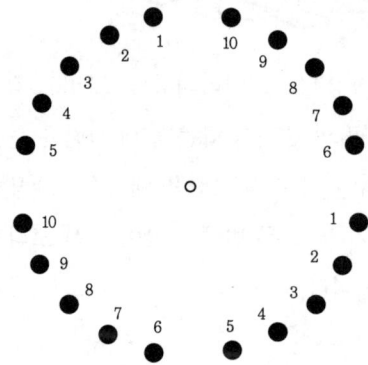

의자를 둥글게 둘러 놓고 두 모둠이 각각 반원을 차지하고 앉은 다음 양쪽에 골문을 마주보게 두 개를 만드십시오(의자를 한 개정도 치우면 됩니다). 그런 다음 모둠 사람들은 각자 고유 번호를 가지며 각 모둠의 1번을 불러서 중앙에 세우고 고무공을 바닥에 떨어뜨리는 것으로 놀이가 시작됩니다. 두 사람은 들고 있는 빗자루를 가지고 공을 쳐서 상대방 골문에 집어 넣어야 합니다. 이때 지도자는 아무 때고 다른 번호를 부를 수 있는데 일단 신호가 나면 원 안에 있던 사람은 즉시 중단하고 그 자리에서 호명된 사람에게 빗자루를 넘겨주어야 합니다. 공이 원 밖을 넘어가면 지도자는 그 자리에서 공을 원 안으로 던져 넣습니다. 의자에 앉아 있는 사람들은 손을 사용할 수 없으나 앉은 상태에서 의자에 엉덩이를 떼지 않은 채로 발로 공을 찰 수는 있습니다.

네 모둠 피구(2.144)

- **인원** : 20~40명
- **준비물** : 배구공 4개

- **소요시간** : 20~30분
- **모둠의 형태** : 5~10명으로 구성된 네 모둠
- **물리적 환경** : 참가자들이 자유롭게 뛰어다니면서 즐길 수 있는 장소

네 모둠으로 나누고 각각 4각형 한 개씩을 차지합니다. 시작이 되면 배구공을 던져서 상대방 사람들의 허리 아래를 맞추도록 합니다. 공에 맞은 사람은 놀이터 밖으로 나갑니다. 공을 잘못 던지거나 선 밖으로 나가게 되면 지도자가 공이 나간 지점에서 상대 모둠에게 공을 넘겨 줍니다. 날아오는 볼을 잡으면 죽은 사람 중에서 한 사람이 다시 살아 놀이터 안으로 들어옵니다. 시간을 정해 놓고 어느 모둠이 가장 많이 살아남았는지 가려 보거나, 마지막 한 사람이 남을 때까지 계속할 수 있습니다.

풍선 밟기(2.145)

- **인원** : 10~40명
- **준비물** : 풍선과 실(인원 수만큼)
- **소요시간** : 10~15분
- **모둠의 형태** : 5~10명으로 구성된 여러 모둠
- **물리적 환경** : 참가자들이 자유롭게 뛰어다니면서 즐길 수 있는 장소

참가자들에게 풍선을 한 개씩 나누어 주고 불어서 발목에 묶도록 합니다. 풍선을 묶는 끈의 길이는 적어도 30cm 정도가 되어야 합니다. 시작하면 자기 풍선이 터지지 않도록 지키면서 다른 사람의 풍선을 밟아서 터뜨리도록 합니다.

풍선농구(2.146)

- 인원 : 20~40명
- 준비물 : 풍선
- 소요시간 : 15~20분
- 모둠의 형태 : 같은 인원 수로 구성된 두 모둠
- 물리적 환경 : 천장이 높은 장소

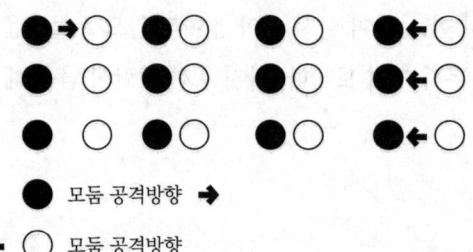

두 모둠으로 나누고 상대방 선수와 등을 맞대고 양반자세로 앉거나 의자에 앉도록 합니다. 지도자가 풍선을 중앙에서 토스하는 것을 시작으로 놀이를 시작합니다. 각 모둠 사람들은 풍선을 손으로 쳐서 골인 지역의 땅에 닿도록 하는데 이렇게 하면 1점을 얻게 됩니다. 풍선이 양 옆으로 떨어지게 되면 아웃이 되어서 지도자가 그 자리에서 다시 안으로 던져 넣어 줍니다. 점수를 정해 놓고 먼저 점수를 낸 모둠으로 승부를 결정지을 수 있으며 풍선을 동시에 2개 사용하면 훨씬 격렬해지겠지요. 엉덩이가 땅바닥에서 떨어지면 가차 없이 상대 모둠에게 1점을 주도록 하여 질서 있는 분위기에서 진행하도록 하세요.

물풍선과 양동이(2.147)

- 인원 : 20~40명
- 준비물 : 물풍선, 양동이 두 개
- 소요시간 : 20~30분
- 모둠의 형태 : 같은 인원 수로 구성된 두 모둠
- 물리적 환경 : 넓은 잔디밭

지도자는 참가자들을 두 모둠으로 나누고 모둠마다 풍선을 50개씩 나누어 줍니다. 지도자는 5~10분 정도 시간을 주고 모둠별로 물풍선을 많이 만들어 놓도록 합니다. 일정 시간이 지나면 더 이상 풍선에 물을 담지 못 합니다. 각 모둠의 모든 참가자들은 물풍선을 자기 모둠의 풍선 놓는 곳에 갖다 놓습니다. 그리고 모둠별로 양동이 바닥 크기만한 나무판자에 압정이나 바늘을 꽂아서 양동이 바닥에 놓아 둡니다. 준비가 끝나면 양 모둠 사람들은 중앙선에 모여 서서 인사를 나누고 시작이 되면 자기 편 풍선 놓는 곳에서 물풍선을 가져다가 상대 모둠 양동이에 던져 넣어서 물이 많이 차게 해야 합니다.

놀이 규칙은 다음과 같습니다. 1) 물풍선을 들고 있다가 상대편에게 치이게 되면 물풍선을 빼앗깁니다. 이때 물풍선을 빼앗은 사람은 이 물풍선을 가지고 상대편 양동이를 공략할 수 있습니다. 2) 안전지역(10군데, 한군데의 크기 : 1미터 × 1미터)에 물풍선을 들고 들어가 있는 사람은 풍선을 빼앗기지 않습니다. 그런데 하나의 안전구역에 두 명까지 동시에 들어갈 수 있지만, 같은 모둠끼리는 들어갈 수 없습니다. 3) 안전구역에 들어가 있던 모든 사람들은 자기편 선수의 활동상을 유심히 살피다가 자기편의 물풍선이 상대편 양동이에 골인이 되어 심판의 휘슬이 울리면 그 즉시 안전지역 밖으로 나가 공격 또는 수비를 하거나, 다른 안전지역으로 옮겨가야 합니다. 만약 휘슬이 울린 다음에도 그전에 있던 안전지역 안에 그대로 머무르고 있는 참가자를 상대편 선수가 치면, 그 사람의 물풍선은 자신을 친 사람에게 빼앗기게 되며, 안전지역에서도 쫓겨나게 됩니다. 4) 물풍선은 던져서 같은 편끼리 토스할 수 있습니다. 단 토스를 하다가 땅에 떨어뜨리면 먼저 줍는 모둠의 소유가 됩니다. 또 주변에 상대편 선수가 많아 물 풍선을 주어봤자 자기 소유로 하기가 어려울 때가 있는데, 이때는 땅에 떨어진 풍선을 터뜨릴 수도 있습니다. 단 발을 사용하지 말고 손으로 터뜨려야 합니다. 5) 양동이가 놓여진 곳에 그어져 있는 외곽선은 양 모둠 선수 모두 침범할 수 없습니다. 만일 공격수가 이 선을 침범하면 풍선을 상대에게 빼앗기고 2분간 장외로 나와 있어야 하며, 수비수가 침범을 하면 3분간 장외로 나와 있어야 합니다. 6) 심판은 참가자들이 규칙을 지킬 수 있도록 도와주는 역할을 합니다. 양동이에 풍선이 골인되면 휘슬을 불어서 모두에게 알려 줍니다. 양동이 주위에 그려져 있는 외곽선을 밟고 수비, 혹은 공격을 하는 사람이 없는지 살피어 발견하는 즉시 2분 또는 3분간의 퇴장과 입장을 지시합니다. 안전지역에 들어가 있는 사람의 행동을 유심히 살펴서 반칙여부를 가려냅니다.

이 놀이는 일정 시간(10분 정도, 인원 수나 물 풍선 수에 따라 시간을 조정하십시오.)을 정해 놓고 진행되는데, 시간이 끝나기 전에 양 모둠의 풍선이 모두 터져버리는 순간 마칠 수 있습니다. 또는 정해진 시간이 다 되기도 전에 각 모둠에서 준비해 놓은 풍선이 모두 터져 버린 경우도 마찬가지입니다. 물풍선의 크기는 제한이 없습니다. 즉 풍선 수만 같을 뿐 작전에 따라 물풍선의 크기를 다양하게 만들 수 있습니다. 수도꼭지가 한 개밖에 없거나, 놀이장소에서 멀리 떨어진 곳에 있는 경우에는 양 모둠이 협조해서 미리 똑같은 크기와 같은 수만큼의 풍선을 준비하도록 합시다.

아메바(2.148)

- 인원 : 10~40명
- 준비물 : 밧줄(모둠 수만큼, 4m 정도)
- 소요시간 : 10~15분
- 모둠의 형태 : 6~10명으로 구성된 여러 모둠
- 물리적 환경 : 넓은 잔디밭

모둠을 나누고 밧줄을 가지고 모둠 사람 모두를 허리 높이로 단단히 묶습니다. 시작이 되면 출발선을 떠나 반환점을 돌아와야 하므로 협동하지 않고서는 안 되는 놀이지요.

꼬리치기(2.149)

- 인원 : 10~30명
- 준비물 : 손수건(모둠 수만큼)

- 소요시간 : 10~15분
- 모둠의 형태 : 5~8명으로 구성된 여러 모둠
- 물리적 환경 : 넓은 잔디밭

　5~8명씩 여러 모둠을 만들고 두 모둠씩 나와서 모둠별로 앞 사람의 허리를 잡고 열차놀이 식으로 정렬합니다. 열 맨 뒤쪽의 사람은 등 뒤나 엉덩이에 손수건을 허리띠 안으로 집어 넣습니다. 시작이 되면 상대방의 손수건을 빼앗도록 하는데 열이 끊어지거나 손수건을 빼앗긴 모둠이 지게 됩니다.

엉거주춤(2.150)
- 인원 : 10~40명
- 준비물 : 훌라후프(모둠 수만큼)
- 소요시간 : 10~15명
- 모둠의 형태 : 6~10명으로 구성된 여러 모둠
- 물리적 환경 : 참가자들이 자유롭게 뛰어다니면서 즐길 수 있는 장소

　훌라후프에 3~명이 들어가서 어깨동무를 합니다. 훌라후프를 손으로 잡을 수 없으므로 엉덩이를 뒤로 빼서 흘러내리지 못하도록 합니다. 시작이 되면 반환점을 돌아와서 다음 사람들에게 연결합니다.

도미노(2.151)
- 인원 : 10~40명
- 준비물 : 없음
- 소요시간 : 10~15분
- 모둠의 형태 : 5~10명으로 구성된 여러 모둠
- 물리적 환경 : 참가자들이 자유롭게 뛰어다니면서 즐길 수 있는 장소

　모둠별로 정렬하도록 합니다. 지도자는 앞뒤 사람의 몸이 딱 달라붙도록 밀착한 상태에서 앞 사람이나 앞의 앞 사람의 허리를 꽉 붙잡도록 합니다. 부끄럽고, 어색한 생각이 들어서 밀착하지 않는다면 이 놀이는 이루어지지 않으므로 최대한 다가가도록 격려해 주기 바랍니다. 그런 다음 지도자는 "자, 이제 여러분은 재미있는 경험을 하게 될 것입니다. 여러분은 동시에 무릎을 굽히고 앉아 보세요. 그러면 앞 사람의 무릎이 아주 편안한 의자가 될 것입니다. 그러면 앉으세요!" 하고 외칩니다. 이 놀이는 한 사람이라도 앉지 않으면 안 된답니다. 그리고 사람들은 벽이나 다른 물건에 기댈 수 없습니다. 모두 앉으면 이제는 "오른 발", "왼 발" 하고 외치면서 앞으로 전진해보도록 합니다.

아리송 (2.152)

- **인원** : 10~30명
- **준비물** : 없음
- **소요시간** : 20~30분
- **모둠의 형태** : 같은 인원 수로 구성된 두 모둠
- **물리적 환경** : 울창한 숲

　아름드리나무나 바위 등 숨을 곳이 많은 야외에서 즐길 수 있는 놀이랍니다. 참가자들을 두 모둠으로 나누고 그 중에서 한 모둠은 숨을 곳이 많은 장소에 남아 있고 다른 한 모둠은 그들을 잘 관찰할 수 있는 곳으로 갑니다(약 20미터 떨어진 곳). 한 모둠은 숨는 모둠이 되고 다른 한 모둠은 찾는 모둠이 됩니다.

지도자가 시작 신호를 알리면 찾는 모둠은 자신의 위치에서 숨는 모둠의 움직임을 유심히 살핍니다. 이때 숨는 모둠은 한자리에 모여 있다가 시작 신호를 들은 후 찾는 모둠의 눈에 보이는 곳에 있는 나무나 바위 등에 몸을 숨깁니다. 이렇게 되면 처음에는 찾는 모둠이 처음부터 숨는 모둠의 움직임을 유심히 살피고 있었기 때문에 숨는 모둠의 위치를 쉽게 알 수 있을 것입니다. 하지만 숨는 모둠은 정해진 시간 동안(약 5분) 숨어 있는 위치를 바꿉니다. 때로는 유유히 걸어가서 나무 뒤를 옮겨 다니기로 하고, 눈치 채지 못하도록 재빨리 움직이기도 합니다. 시간이 지나면 숨는 모둠의 움직임을 유심히 살피고 있던 찾는 모둠은 숨는 모둠을 찾기 시작합니다.

예를 들면, '오른편 큰 바위 뒤에 3명, 거기서 5미터 왼쪽에 있는 나무 뒤에 2명' 하는 식입니다. 이렇게 발견된 사람은 그때그때 밖으로 나와야 합니다. 하지만 만일 바위 뒤에 4명이 숨어 있는데, 찾는 모둠이 3명이라고 할 경우에는 3명만 나가고 나머지 1명은 바위 뒤에 계속 숨어 있습니다. 이렇게 해서 찾는 모둠의 말로 하는 수색이 끝나면 점수를 매기게 됩니다. 기본 점수는 숨는 모둠의 인원 수만큼 됩니다. 즉 10명인 경우에는 만점이 10점이 되지요. 이때 정확하게 위치와 인원수를 맞춘 만큼만 점수가 올라갑니다.

예를 들어 바위 뒤에 3명이 숨었을 경우 "바위 뒤에 3명"하면 3점이 올라가지만, "바위 뒤에 4명"하면 오히려 틀린 사람 숫자만큼 점수가 깎이므로 −1점이 됩니다. 또는 "바위 뒤에 1명"이라고 한 경우에도 실제로는 세 명이므로 −2점이 되지요. 마지막까지 찾는 모둠이 누군가를 못 찾게 되면, 찾는 모둠은 그 숫자만큼 감점을 받게 됩니다. 지도자는 숨는 모둠의 숨는 위치나 이동 경로가 찾는 모둠의 시야에서 벗어나지 않도록 하십시오. 이 놀이는 보이지 않는 곳에서 몰래 숨는 것이 아니라 늦게 또는 빠르게, 한 명 또는 여러 명이 어지럽게 움직여서 찾는 모둠을 헷갈리게 하는 데 매력이 있습니다.

식수 소동(2.153)

- **인원** : 20~40명
- **준비물** : 물컵(인원 수만큼)
- **소요시간** : 10~15분
- **모둠의 형태** : 5~8명으로 구성된 여러 모둠
- **물리적 환경** : 참가자들이 자유롭게 뛰어다니면서 즐길 수 있는 장소

　같은 인원으로 여러 모둠을 만들고 모든 사람들에게 종이컵 한 개씩을 나누어 주어서 입에 물고 있도록 합니다. 첫 번째 사람들이 물고 있는 컵에 물을 가득 부어 주고 시작이 되면 옆 사람에게 물을 옮겨 붓도록 합니다. 이때 손을 사용해서는 안 되므로 고개를 숙이거나 몸을 낮추어서 물을 옮기도록 하십시오. 어느 모둠이 가장 빨리 그리고 가장 많은 물을 옮겼는지 알아봅시다.

물총(2.154)

- **인원** : 10~20명
- **준비물** : 물총 1~2개
- **소요시간** : 10~15분
- **모둠의 형태** : 전체 모둠
- **물리적 환경** : 잔디밭

　물총을 한 개 준비합니다. 둥글게 둘러앉아 함께 노래를 부르면서 물총을 옆 사람에게 계속 전달하는데 지도자가 노래를 갑자기 "그만"하고 외치면 그 순간에 물총을 갖고 있던 사람은 걸리게 되는데 그 분풀이로 양 옆에 있는 사람들을 향하여 물총을 신나게 쏜 다음, 자리에서 일어나 원 중앙에 앉습니다. 이런 방식으로 계속하게 되는데 물총을 넘기거나 받을 때는 반드시 두 손을 사용하도록 하며 동시에 물총 두 개를 사용할 수도 있습니다.

물총과 풍선(2.155)

- **인원** : 10~20명

- **준비물** : 물총 여러 개, 양동이 두 개, 풍선 여러 개
- **소요시간** : 20~30분
- **모둠의 형태** : 같은 인원수로 구성된 두 모둠
- **물리적 환경** : 넓은 운동장 또는 잔디밭

 이 놀이는 약간의 장비와 준비물이 필요합니다. 우선 두 모둠으로 나누고 놀이터 양 끝에 마주보고 정렬합니다. 모둠별로 큰 물총(자동소총) 두 자루와 물이 담긴 양동이를 한 개씩 나누어 준 다음 양편에서 2사람이 물총에 물을 가득 장전하고 놀이터 중앙에 섭니다. 그 위에는 3미터 높이로 철사줄을 걸어 놓고 풍선에 고리를 달아서 걸어 놓습니다(그림 참조). 시작이 되면 물총을 쏘아서 철사줄에 달려 있는 풍선을 상대방 쪽으로 옮깁니다. 두 사람이 어떤 전략을 짜는가에 따라 승패가 좌우됩니다. 물총을 들고 있는 사람들은 아무 때든 물총에 물을 채우러 갈 수 있으며 이때 자기 모둠의 다른 사람과 임무교대를 하세요. 상대편 결승점까지 풍선을 옮긴 모둠이 점수를 얻게 되며, 같은 방법으로 계속해 보세요.

물세례(2.156)

- **인원** : 10~20명
- **준비물** : 못을 여러 개 박은 베니어판을 넣어 둔 세숫대야(모둠 수만큼), 풍선(인원 수만큼)

- **소요시간** : 15~20분
- **모둠의 형태** : 5~8명으로 구성된 여러 모둠
- **물리적 환경** : 운동장 또는 잔디밭

2~4모둠으로 편을 가르고 이어달리기 대형으로 정렬합니다. 각 모둠에서 한 사람씩 나와서 세숫대야를 머리에 이고 5미터 떨어진 곳에 서 있습니다. 양동이 안에는 못을 여러 개 박은 베니어판이 들어있습니다. 시작이 되면 한 사람씩 물 풍선을 양동이 안에 던져 넣는데 제대로 들어가면 풍선은 터지게 마련이고 결국 물세례를 받게 됩니다. 이 놀이는 어느 모둠이 양동이 안에 물을 가장 많이 채웠는지를 겨루는 것입니다. 양동이를 머리에 이고 있는 사람은 한 발을 움직여서 날아오는 풍선을 양동이 안에 받을 수 있습니다.

발바닥 위에 놓인 세숫대야(2.157)

- **인원** : 10~30명
- **준비물** : 세숫대야(모둠 수만큼)
- **소요시간** : 15~20분
- **모둠의 형태** : 5~8명으로 구성된 여러 모둠
- **물리적 환경** : 잔디밭

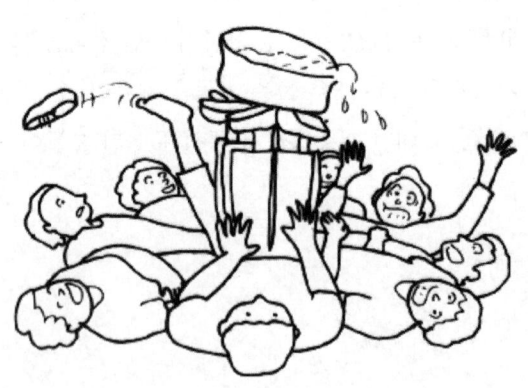

5~8명씩 모둠을 구성하고 모둠별로 전원이 드러누워서 원 중앙에 발을 들어 올린 채로 발바닥을 모읍니다. 이런 상태에서 모여진 발바닥 위에 물이 가득 담긴 세숫대야를 올려놓습니다. 시작이 되면 사람들이 물을 쏟아지지 않게 하면서 전원이 안전하게 신발을 벗도록 하는데 정말 아슬아슬하지요. 어느 모둠이 물을 쏟지 않고 신발을 많이 벗었는가를 가려보세요. 이 놀이는 여러 모둠이 동시에 즐길 수 있습니다. 지도자는 "신발을 두 개 벗으세요", "한 개를 더 떼세요" 하는 식으로 하여 마지막 까지 생존하는 모둠을 가려봅니다.

사냥개와 산토끼 경주(2.158)
- **인원** : 20~30명
- **준비물** : 물풍선(인원수만큼)
- **소요시간** : 20~30분
- **모둠의 형태** : 같은 인원수로 구성된 두 모둠
- **물리적 환경** : 풍선을 숨길 수 있는 자연물들이 널려 있는 장소

　두 모둠으로 나누고 〈가〉 모둠 사람들은 사냥개가 되고 〈나〉 모둠 사람들은 산토끼가 됩니다. 산토끼 모둠은 사냥개 모둠 몰래 자신들이 원하는, 또 자신들만이 아는 지점에(최소한 출발선으로부터 10미터 이상 떨어져 있어야 합니다.) 물풍선을 모둠 인원 수만큼 가져다 놓습니다. 물풍선들은 한 곳에 모아두지 말고 여러 곳에 분산시켜 놓아두는 것이 좋습니다.
　출발선에 산토끼 모둠과 사냥개 모둠이 모두 정렬한 다음 시작이 되면 두 모둠의 선수들은 각자 흩어져 있는 물풍선을 향해서 뛰어갑니다. 산토끼와 사냥개는 각자 최대한 많은 수의 물풍선을 취하고자 노력하는데, 사냥개는 물풍선의 위치를 모르므로 대부분의 물풍선은 산토끼가 먼저 갖게 됩니다.
　하지만 문제는 사냥개가 물풍선을 갖고 있는 산토끼를 치면 산토끼는 물풍선을 사냥개에게 빼앗기게 된다는 것입니다. 산토끼들은 물풍선을 가지고 있다가 사냥개가 다가오면 옆에 있는 다른 토끼에게 전달하는데, 물풍선을 가지고 있지 않은 산토끼는 사냥개를 두려워하지 않아도 됩니다. 산토끼들은 되도록 많은 물풍선을 가지고 출발선으로 안전하게 되돌아와야 합니다. 따라서 사냥개들을 피하기 위하여 산토끼들끼리 물풍선을 주고받을 수 있습니다. 물풍선이 땅에 떨어져서 터지는

경우에는 그 물풍선은 무효가 되며, 터지지 않고 땅에 떨어진 물풍선은 먼저 줍는 모둠의 소유로 하여 놀이를 진행합니다.

물동이 맞히기(2.159)

- **인원** : 10~30명
- **준비물** : 종이컵(모둠 수만큼), 신문지
- **소요시간** : 15~20분
- **모둠의 형태** : 같은 인원 수로 구성된 두 모둠
- **물리적 환경** : 넓은 잔디밭

　두 모둠으로 나누고 모둠 진영 사이에 선을 긋습니다. 두 모둠은 각자 왕을 한 명씩 뽑은 다음 종이컵에 물을 담아서 왕의 머리 위에 올려 놓으세요. 왕을 제외한 나머지 사람들은 2-3분 동안 신문지를 뭉쳐서 종이 폭탄을 많이 만듭니다. 왕은 자기 모둠의 구역 내에 그려놓은 지름 1미터의 원을 벗어나지 못하며, 그 원 안에는 왕 외에 아무도 들어가서는 안 됩니다. 시작이 되면 사람들은 서로 종이 폭탄을 던져서 상대 모둠 왕의 머리 위에 있는 컵을 맞히도록 합니다. 폭탄을 던질 때 중앙선을 넘어서는 안 되며 상대편에서 날아온 폭탄을 주워서 던질 수 있습니다. 머리에 이고 있는 물컵이 폭탄에 맞으면 왕은 온통 물을 뒤집어쓰게 됩니다. 어느 모둠이 더 많이 맞히는지 겨루어 봅니다.

장님 사냥꾼(2.160)

- **인원** : 10~20명
- **준비물** : 눈가리개, 물총과 물을 담은 양동이(모둠 수만큼)
- **소요시간** : 15~20분
- **모둠의 형태** : 같은 인원 수로 구성된 두 모둠
- **물리적 환경** : 잔디밭

두 모둠은 방 양편으로 갈라섭니다. 각 모둠에서 술래 한 사람씩 나와서 눈을 가립니다. 그런 다음 방 중앙에 물을 가득 채운 물총을 두 개 놓아둡니다. 지도자는 술래들이 그 자리에서 5바퀴 돌도록 한 다음 물총을 빨리 찾아서 집어 들고 상대방을 물총으로 쏘도록 합니다. 이때 사람들은 자기 편 술래가 물총을 쉽게 찾을 수 있도록 물총이 있는 위치를 말로 알려줄 수 있습니다. 지도자는 물총을 살짝 다른 곳으로 옮겨 놓아서 골탕 먹일 수도 있으며 물총은 적당히 띄어 놓는 것이 좋습니다. 물총을 먼저 찾은 술래가 물총으로 상대방을 쏘아서 맞히면 1점을 얻게 됩니다.

놀이에 대한 생각 〈열둘〉

얼마 전 《뉴스위크》지는 과소비로 몸살을 앓고 있는 한국을 졸부의 나라로 소개하여 국제적인 망신을 당한 적이 있습니다. 언제부터인가 한국 사람들은 힘든 일은 기피하고 있습니다. 한탕주의가 팽배하고 어렵고, 더럽고, 위험한 일을 기피하는 소위 3D현상에 경제가 온통 몸살을 앓고 있습니다. 그래서 요즘 경제계에서는 5대 더하기 운동이라 하여 '일, 저축, 절약, 생산성 향상, 수출'을 더하자는 반성의 소리가 높아지고 있습니다.

나는 그 원인이 노동과 여가의 의미와 그 상관관계를 이해하지 못하고 있는 데에 있다고 봅니다. 속된 말로 "개 같이 벌어서 정승같이 쓴다"는 말을 당연시 여기는 세상에서 우리는 너무나 오랫동안 무감각하게 살아왔습니다. 땀 흘려 노동한 보람 없이는 참되고 의미 있는 여가를 향유할 수 없습니다.

이제 여가 중심의 사회에 걸맞는 새로운 지혜가 필요한 때입니다. 문제는 지금까지의 일 중심 사회에서 가졌던 사고방식에서는 해결방안을 모색하기가 불가능하다는 데 있습니다. 적절한 대안이 없다면 노동 시간의 단축으로 늘어난 여가 시간은 오히려 재앙이 될 수 있습니다. 개인적으로나 사회적으로 여가에 대한 올바른 이해와 대안을 갖추는 진지한 노력이 필요한 때입니다.

6. 절기놀이

(1) 설날에 즐기는 놀이

묵은 해여 안녕!(2.161)

- **인원** : 20~30명
- **준비물** : 촛불과 성냥(모둠 수만큼)
- **소요시간** : 15~20분
- **모둠의 형태** : 5~8명으로 구성된 여러 모둠
- **물리적 환경** : 참가자들이 자유롭게 뛰어다니면서 즐길 수 있는 장소

　2~4 모둠으로 나누고 이어달리기 대형으로 서십시오. 반환점에는 작은 테이블 위에 촛불 한 개를 켜 놓습니다. 그런 다음 각 모둠별로 한 사람씩 나와서 눈가리개를 하고 시작 신호가 울리면 촛불이 있는 곳으로 조심조심 다가가서 입으로 바람을 불어서 촛불을 끄십시오. 촛불을 끈 사람은 출발선으로 돌아오는데 모둠원들은 자기편 주자가 안전하게 돌아올 수 있도록 계속 큰 소리로 방향을 알려주십시오. 출발선으로 돌아오면 다음 주자와 교대를 하십시오.
　지도자는 주자들이 눈가리개를 한 후에 촛불을 살짝 다른 장소로 옮겨 놓으면 재미있는 광경을

목격하게 될 것입니다. 촛불을 끄는 것은 묵은 해를 떠나보내는 것을 의미합니다.

촛불 끄기(2.162)

- **인원** : 10~30명
- **준비물** : 초, 초 받침, 성냥, 실, 종이컵(모둠 수의 2배), 송곳(또는 연필)
- **소요시간** : 15~20분
- **모둠의 형태** : 5~8명으로 구성된 여러 모둠
- **물리적 환경** : 참가자들이 자유롭게 움직이면서 즐길 수 있는 장소

이 놀이에서는 다음과 같은 준비물이 필요합니다. 모둠 수만큼의 초, 초 받침, 성냥, 실, 종이컵(모둠 수의 두 배), 종이컵 바닥에 구멍을 뚫을 수 있는 송곳(또는 연필)입니다. 지도자는 종이컵 바닥 중앙에 구멍을 뚫고 실을 꿰어서 컵 바깥쪽으로 내보낸 다음 목에 걸칠 수 있도록 실을 꿰매십시오. 목에 건 상태에서 컵이 무릎보다 약간 높은 위치에 걸려 있는 것이 적당합니다.

이것을 각 모둠에 두 개씩 나누어 주십시오. 그리고 보조지도자(또는 각 모둠에서 한 사람씩)들이 반환점에 나와서 받침대에 놓인 초에 불을 붙입니다. 시작이 되면 첫 번째 주자가 달려와서 목에 걸린 종이컵을 조심조심 내려서 촛불을 끄도록 합니다. 종이컵이 흔들거리고 마음은 조마조마하니 그리 쉽지 않을 겁니다.

이렇게 하여 마지막 사람까지 계속하며 반환점에 있는 사람은 촛불이 꺼질 때마다 신속하게 불을 켜 놓도록 하십시오.

촛불 봉송(2.163)
- 인원 : 20~30명
- 준비물 : 촛불과 성냥(모둠 수만큼)
- 소요시간 : 15~20분
- 모둠의 형태 : 5~8명으로 구성된 여러 모둠
- 물리적 환경 : 참가자들이 자유롭게 뛰어다니면서 즐길 수 있는 장소

이번에는 〈묵은 해여 안녕〉(2.161) 대형을 그대로 유지하면서 촛불 봉송 이어달리기를 해 봅시다. 모둠별로 초와 성냥을 한 개씩 나누어 주십시오. 초에 불을 당긴 다음 시작 신호가 울리면 불을 꺼뜨리지 않고 반환점을 돌아와서 다음 주자에게 촛불을 인계합니다. 불이 꺼진 경우에는 그 자리에 곧바로 서서 성냥을 가지고 있는 사람이 달려와 초에 불을 붙이고 다시 출발하십시오.

새해맞이 인사(2.164)
- 인원 : 20~30명
- 준비물 : 종이와 연필(인원 수만큼)
- 소요시간 : 20~30분
- 모둠의 형태 : 전체 모둠
- 물리적 환경 : 참가자들이 자유롭게 돌아다니면서 즐길 수 있는 장소

참가자들에게 종이와 연필을 한 개씩 나누어 주고 각자 종이 왼쪽 가장자리에 "새해 복 많이 받으세요"를 수직으로 내려 쓰도록 하십시오. 그리고 각 칸의 첫 번째 글자로 시작하는 짧은 글로 된 새해 인사말을 적어 보세요. 진지한 내용도 좋지만 재미있고 상쾌한 내용을 담아 보도록 하십시오.

이렇게 모든 참가자들이 기록을 마치면 돌아가면서 적은 내용을 소개하는 시간을 갖습니다. 새해를 맞는 기대와 소망이 무엇인지 이해하는 소중한 기회가 될 것입니다.

불씨 건네기(2.165)

- ■ 인원 : 20~30명
- ■ 준비물 : 성냥갑(모둠 수만큼)
- ■ 소요시간 : 15~20분
- ■ 모둠의 형태 : 5~8명으로 구성된 여러 모둠
- ■ 물리적 환경 : 참가자들이 자유롭게 뛰어다니면서 즐길 수 있는 장소

　옛날 옛적 시집 간 여자가 해야 하는 중요한 임무 중의 하나가 불씨를 꺼뜨리지 않는 것이었습니다. 예나 지금이나 불씨는 여전히 소중하고 신성한 의미를 가지고 있습니다.

　6~8명씩 여러 모둠을 만들고 모둠별로 정렬하면 각 모둠의 첫 번째 사람들에게 성냥갑을 하나씩 나누어 주고 코와 윗입술 사이에 끼우도록 합니다. 시작이 되면 손으로 만지지 말고 옆 사람에게 성냥갑을 전달해 주십시오. 이렇게 하여 마지막 사람까지 성냥갑을 떨어뜨리지 않고 안전하게 운반하는 놀이입니다. 손은 아예 사용할 수 없도록 뒷짐을 지도록 하고, 성냥갑을 떨어뜨리게 되면 성냥갑을 넘겨주던 사람이 코 아래에 다시 끼우고 계속하면 됩니다.

오렌지 볼링(2.166)

- ■ 인원 : 20~30명
- ■ 준비물 : 우유박스(10개 정도), 귤 5개 이상
- ■ 소요시간 : 15~20분

- **모둠의 형태** : 4~6명으로 구성된 여러 모둠
- **물리적 환경** : 참가자들이 자유롭게 돌아다니면서 즐길 수 있는 장소

    이것은 미국 마이애미 지방 사람들이 새해에 온 가족과 친지들이 모여 즐기던 놀이랍니다. 방 끝에 빈 종이우유 박스를 여러 개 세워 놓고 오렌지를 굴려서 우유박스를 맞추어 넘어뜨리는 놀이입니다. 우리나라에서는 오렌지보다는 흔한 귤을 사용하면 됩니다. 우유박스에 여러 가지 점수를 적어놓고 하는 것도 괜찮을 것입니다.

새해에는 열심히 뜁시다 (2.167)

- **인원** : 20~30명
- **준비물** : 커다란 부대 자루(모둠 수만큼)
- **소요시간** : 15~20분
- **모둠의 형태** : 5~8명으로 구성된 여러 모둠
- **물리적 환경** : 참가자들이 자유롭게 뛰어다니면서 즐길 수 있는 장소

    2~4모둠으로 나누고 이어달리기대형으로 정렬하십시오. 출발선에는 커다란 부대 자루 또는 비닐 부대를 모둠 수만큼 놓아 둡니다. 시작이 되면 주자들은 신속하게 부대자루 속으로 들어가서 깡충깡충 뛰어 반환점을 돌아 출발선으로 돌아와 다음 주자와 교대합니다. 자루가 찢어질 수도 있으므로 여분의 부대 자루를 준비해 두십시오. 자! 새해에는 이렇게 열심히 뛰어 봅시다.

내 선물은 어디에?(2.168)

- **인원** : 20~40명
- **준비물** : 참가자들이 각자 준비해 온 선물들
- **소요시간** : 20~30분
- **모둠의 형태** : 전체 모둠
- **물리적 환경** : 참가자들이 자유롭게 돌아다니면서 즐길 수 있는 장소

명절이 되면 가까운 사람들이 서로 선물을 주고받으면 기쁨이 두 배가 되지요. 지도자는 참가자들이 준비해 온 선물을 미리 수집하여 선물 포장지에 참가자들의 이름을 하나씩 적으십시오. 그런 다음 선물들을 모임 장소 구석구석 은밀한 곳에 몰래 숨겨 두십시오. 일종의 보물찾기 놀이로 시작이 되면 참가자들은 각자 자기 이름이 적힌 선물을 찾아 나서도록 합니다. 자기 선물을 찾는 중에 다른 사람들의 선물을 발견하게 되면 모른 척하고 지나쳐 버려야지 다른 사람들에게 알려주지 않도록 하십시오.

참가자들이 모두 자기 선물을 찾으면 한 자리에 모여서 무슨 선물이 들어 있으며 누가 보낸 선물인지 알아보도록 합니다. 자녀들에게 이런 식으로 선물을 전달해 주어도 좋습니다.

(2) 부활절 놀이

부활절 달걀 찾기(2.169)

- **인원** : 20~40명
- **준비물** : 바구니(두 사람당 한 개씩), 여러 개의 달걀
- **소요시간** : 15~20분
- **모둠의 형태** : 둘씩 짝을 지어서 진행
- **물리적 환경** : 참가자들이 자유롭게 뛰어다니면서 즐길 수 있는 장소

두 사람이 사냥꾼과 강아지가 되어서 부활절 달걀을 사냥하는 놀이입니다. 모든 사냥꾼들은 부활절 바구니를 한 개씩 들고 놀이터 중앙에 모여 서 있습니다. 시작이 되면 강아지들은 흩어져서 달걀

들을 찾습니다. 강아지가 달걀을 찾으면 손으로 잡을 수 없고 다만 그 자리에서 '멍멍' 하고 짖으면 주인은 자기 사냥개의 소리를 듣고 잽싸게 달려가서 달걀을 바구니에 주어 담습니다. 여러 강아지가 동시에 같은 달걀을 찾은 경우에는 그 달걀은 가장 먼저 달려가서 주운 사냥꾼 몫이 됩니다.

사냥꾼이 달걀을 주운 다음에는 놀이터 중앙으로 되돌아 가서 다시 자기 강아지가 찾은 달걀을 주울 수 있습니다. 규칙을 어기는 사람은 오히려 달걀 한 개를 빼앗길 수도 있습니다.

달걀 굴리기(2.170)

- 인원 : 20~40명
- 준비물 : 삶은 달걀(모둠 당 3-4개씩)
- 소요시간 : 15~20분
- 모둠의 형태 : 5~8명으로 구성된 여러 모둠
- 물리적 환경 : 참가자들이 자유롭게 뛰어다니면서 즐길 수 있는 장소

5~8명씩 여러 모둠을 만들고 이어달리기 대형으로 정렬하십시오. 첫 번째 사람들에게 삶은 달걀을 나누어 주고 코 또는 얼굴 전체로 달걀을 굴려서 반환점을 돌아와서는 다음 주자에게 인계합니다. 어느 모둠이 가장 빨리 마치는지 겨루어 봅니다.

코로 달걀을 굴리는 대신 나무젓가락(또는 연필)을 하나씩 나누어 주고 이를 가지고 달걀을 굴리도록 해도 재미있습니다. 달걀은 타원형이어서 제멋대로 굴러가는 것이 이 놀이의 매력이랍니다.

달걀 나르기(2.171)

- 인원 : 20~40명
- 준비물 : 숟가락(인원 수만큼), 달걀(모둠 당 2-3개)
- 소요시간 : 15~20분
- 모둠의 형태 : 5~8명으로 구성된 여러 모둠
- 물리적 환경 : 참가자들이 자유롭게 뛰어다니면서 즐길 수 있는 장소

5~8명씩 두 모둠으로 나누고 각 모둠은 반으로 갈라서 놀이터 양편에 나누어 정렬합니다. 첫 번째 주자는 숟가락 끝을 잡고 그 위에 달걀을 얹고 있다가 시작 신호가 나면 반대편에 있는 자기 모둠 사람에게 달려가서 달걀을 인계합니다. 인계할 때는 손을 사용하지 않고 숟가락에서 숟가락으로 조심스럽게 옮기도록 합니다. 달걀을 무사히 인계받은 사람은 다시 반대편 사람에게 달려가서 같은 방법으로 자기 편 사람에게 달걀을 옮겨 주십시오. 이렇게 하여 어느 모둠이 제일 먼저 마치는지 겨루어 봅니다.

숟가락 위에 달걀(2.172)
- **인원** : 20~40명
- **준비물** : 숟가락(인원 수만큼), 바구니(모둠 수만큼), 달걀(모둠 당 10개씩)
- **소요시간** : 15~20분
- **모둠의 형태** : 5~8명으로 구성된 여러 모둠
- **물리적 환경** : 참가자들이 자유롭게 움직이면서 즐길 수 있는 장소

5~8명씩 여러 모둠으로 나누고 전원에게 숟가락을 한 개씩 나누어 주십시오. 모둠별로 일렬 횡대로 정렬한 다음 첫 번째 사람들에게 삶은 달걀이 10개씩 들어있는 바구니를 한 개씩 나누어 주면 됩니다.

시작이 되면 각 모둠의 첫 번째 사람들은 바구니에 들어 있는 달걀을 숟가락에 얹어서 다음 사람에게 옮겨 줍니다. 주의할 점은 누구도 달걀을 손으로 잡아서는 안 된다는 점입니다. 혹시 달걀을 떨어뜨려도 숟가락으로 줍도록 하십시오. 이렇게 하여 어느 모둠이 가장 먼저 달걀을 모두 안전하게 옮기는지 겨루게 합니다.

내 엉덩이는 복덩이(2.173)
- **인원** : 15~30명
- **준비물** : 눈가리개, 방석
- **소요시간** : 15~20분

- **모둠의 형태** : 전체 모둠
- **물리적 환경** : 참가자들이 둘러앉아 즐길 수 있는 장소

참가자들은 원대형으로 의자에 앉은 다음 한 사람이 술래가 되어서 원 중앙에 섭니다. 지도자는 술래의 눈을 눈가리개로 가리고 방석을 쥐어 줍니다. 그러면 술래는 방석을 들고 돌아다니다가 어떤 사람의 무릎을 찾아서 그 위에 방석을 놓고 앉습니다. 이때 사람들은 술래를 혼란시키기 위해서 살짝 자리를 바꾸어 앉을 수 있습니다.

술래가 일단 한 사람의 무릎에 방석을 놓고 그 위에 앉으면 술래는 "내 엉덩이는 복덩인데 너는 누구냐?"하고 묻습니다. 이때 그 무릎의 주인공은 목소리를 위장하여 "아이, 난 몰라. 난 모른단 말이야." 하고 말합니다. 술래는 두 번 물을 수 있는데 이때 술래가 그 사람이 누구인지를 맞히면 걸린 사람이 새로 술래가 되어서 시작하게 되고, 술래가 맞추지 못하게 되면 다시 해야 합니다.

부활의 의미(2.174)

- **인원** : 제한 없음
- **준비물** : 삶은 달걀, 입구가 삶은 달걀보다 약간 작은 우유병, 성냥
- **소요시간** : 10~15분
- **모둠의 형태** : 전체 모둠
- **물리적 환경** : 참가자들이 둘러앉아서 즐길 수 있는 장소

부활절을 생각하면 달걀이 금세 떠오릅니다. 세 부분(껍질, 흰자위, 노른자위)으로 되어 있는 달걀은 성 삼위일체를 상징한다고들 하지요. 즉 눈으로 볼 수 있는 껍질은 그리스도이고, 성령은 흰자위, 아버지 하나님은 노른자위라고 말합니다. 참가자들에게 삶은 달걀을 반으로 잘라서 달걀의 세 부분을 명확히 보여 주십시오.

이번에는 달걀껍질을 까면서 껍질은 마치 우리의 죄를 위해 희생당하신 예수 그리스도와 같다고 설명해 주십시오. 그런 다음 미리 준비해 놓은 우유병(참고:우유병은 인간을 상징합니다)에 불을 붙인 성냥을 한두 개 던져 넣는 동시에 껍질을 깐 삶은 달걀을 우유병 입구에 신속히 올려 놓아 보세요. 그러면 어떤 결과가 나올까요? 우유병 속에 있던 산소가 성냥불에 모두 산화되면서 신기하게도

우유병 입구에 얹혀 있던 달걀을 쏘옥 우유병 속으로 감쪽같이 빨아들이게 됩니다. 이것은 마치 우리 안에 하나님을 영접하기 위해서는 달걀껍질은 희생되어야 하고, 불꽃이 꼭 있어야 하며, 하나님이 우리 마음에 들어오시기를 기원하는 열린 마음이 있어야 한다는 점을 상징한다고 하겠습니다.

그런 다음 참가자들과 다음의 질문들을 가지고 이야기를 나누어 봅시다.

질문 1. 우유병과 하나님을 영접하기를 원하는 사람과는 어떤 유사점이 있을까요?
질문 2. 달걀이 병 안에 들어갈 때에 어떤 일이 벌어진 것일까요?
질문 3. 달걀은 우유병 밖으로 다시 나갈 수 있는 것일까요?
질문 4. 사람 안에 있는 어떤 불이 하나님을 영접하도록 할 수 있을까요?

(3) 추수감사절 놀이

추수감사절을 지금대로 교회력에 따라 11월 3째 주일에 지키는가, 아니면 우리나라 절기에 따라 추석날을 지켜야 하는가에 대한 논란은 어제 오늘의 일이 아닙니다. 이러한 논란이 교회 안에서 꾸준히 계속되어 왔음에도 불구하고 추석이 낀 주일에 추수감사 예배를 드리는 교회가 희귀하다 할 만큼 적은 것이 오늘의 현실입니다. 그 이유는 대부분의 교회들이 우리나라 절기에 따라 추수감사 예배를 드리는 것은 성경에 위배되는 잘못된 처사라고 보고 있기 때문입니다. 과연 이러한 생각이 비성서적일까요? 아니면 민속절기인 추석을 우리나라의 추수감사절로 인정해야 하는가에 관해 극히 상식적인 시각으로 한번 정리해보도록 합니다.

1. 교회력이 정한 추수감사절은 성서적인가?

추석을 앞둔 어느 날 신실한 한 그리스도인과 나누었던 대화입니다. 그녀는 자기가 출석하는 교회 목사님이 "추석을 지내는 것은 우상숭배다. 그러므로 추수감사절을 지키는 것이 성서적이다."라고 설교를 하였다고 합니다. 내가 보기에 그 여자도 그 말에 동의하고 있는 듯 보였습니다.

나는 하도 어처구니가 없어서 그녀에게 대뜸 이렇게 되물었습니다. "그것이 어떻게 성서적인가요? 추수감사절은 미 대륙에 첫발을 디딘 청교도들이 온갖 고생과 위험을 겪으면서 첫 해 농사를 짓게 된 것이 감사하여 첫 열매를 하나님께 바치며 예배드린 것을 기념하기 위한 절기입니다. 이를 미국 정부가 추수감사절로 정한 것인데 그것이 어떻게 성서적입니까?" 하며 물어본 적이 있습니다.

오늘날 우리나라 교회가 지키는 추수 감사주일의 내력을 좀더 자세히 알아보면 이렇습니다.

"신앙의 자유를 찾아 미국으로 건너 간 청교도들이 온갖 역경과 고생을 겪고 1623년에 비로소 훌륭한 수확을 얻게 되었다. 이것이 추수감사절의 유래이다 … (중략) 정식으로 국경일로 결정된 것은 1789년에 워싱턴이 11월26일을 감사절로 정한 때부터였다. 그 후 링컨은 11월 마지막 목요일로 개정한 일이 있었다. 루즈벨트 대통령은 1939년에 새로운 판례로서 11월 셋째 목요일을 감사절로 정하였다."(그리스도교대사전, 34)

이러한 점에서 적어도 오늘날의 추수감사절은 그 날짜에 있어서만큼은 성서에서 아무런 근거를 찾아볼 수 없는 성서와는 전혀 무관합니다. 11월 3째 주일에 지키는 추수감사 주일은 실제로는 교회력을 준수하는 것이 아니라 특정 국가의 대통령이 정해 놓은 것을 한국교회가 무비판적으로 따르고 있다는 점에서 부끄러운 일일 수 있습니다.

우리나라에서는 1904년부터 추수감사절을 지키게 되었는데 장로교의 서경조 장로가 제의한 데서 비롯되었습니다. 그 후 1914년 각 교파의 선교부 회의에서 매년 11월 셋째 수요일을 감사일로 정하고 이날 모여진 감사헌금은 전도사업으로 사용하기로 결정하였습니다. 그러다가 언제부터인지 정확치는 않으나 수요일이 일요일로 바뀌어 매년 11월 셋째 주일을 추수감사 주일로 지켜오고 있는 것입니다. 우리나라에서도 11월 셋째 주일을 추수감사 주일로 정한 배경에는 초기 미국 선교사들의 영향을 절대적으로 받았다는 주장이 확실한 사실입니다.

2. 추수 감사제는 신앙고백입니다.

그렇다면 우리가 지금까지 해왔던 추수감사 주일은 무의미한 것일까요? 아니면 다른 대안을 찾아야 하는 것일까요? 우선 지금 우리들이 지키고 있는 추수감사 예배 자체에 대해 잘못 되었다거나 무의미하게 보아서는 안 될 것입니다. 신앙의 자유를 찾아 미 대륙으로 건너 온 청교도들이 한 해 농사를 마치고 첫 열매를 바치며 하나님께 드렸던 감사의 고백은 그리스도인이라면 인종과 국경을 초월하여 누구나 본받을 만한 가치가 있는 소중한 신앙고백일 것입니다.

문제는 앞서 살펴본 대로 교회력도 아닌 한 국가의 대통령이 판례로 정한 주일을 추수감사절로 지키는 것, 그것도 한국 땅에서 이를 무비판적으로 그대로 따라야 하는 것인가 하는 점입니다. 결론적으로 추수감사 예배를 11월 3째 주일에 우리도 반드시 지켜야 한다는 주장은 전혀 설득력이 없습니다.

그러면 우리가 추수감사절에서 얻어야 하는 교훈은 무엇인가요? 여기의 핵심은 추수감사 주일의 특정한 날짜에 있는 것이 아니라, 추수감사 주일을 지키는 의미와 추수감사 주일을 왜 지키는가?, 그날 우리는 어떤 신앙고백을 드려야 하는가 하는 점에 있는 것입니다.

추수감사절의 유래는 다음과 같습니다. 추수감사절은 역사적으로는 구약시절까지 거슬러 올라갑니다. 즉 유대인들은 큰 절기를 1년에 세 번 지키고 있는데 그것이 무교절, 맥추절, 수장절입니다(출23:14~16). 여기서 맥추절이 바로 칠칠절인데 이때 유대인들은 이름 그대로 밀을 수확하여 첫 열매를 하나님께 바치던 추수 감사제였습니다. 후에 '칠칠제'라 부르게 된 것은 익은 보리를 벨 때부터 밀 수확을 마치는 약 7주 정도의 기간이 소요되서였습니다. 칠칠제는 바로 전체 곡물 수확기간을 뜻하는 것입니다.

참고로 칠칠제가 마치는 날이 초막절이고 초막절이 바로 "오순절"과 같은 날입니다. 칠칠절은 그 해 수확한 첫 열매를 하나님께 바치면서 감사드리는 오늘날의 추수 감사제였습니다. 주목할 사실은 이 축제날에는 가난한 사람들, 나그네들이 초대되어 함께 음식을 나누었다는 점입니다. 이렇게 칠칠절은 창조주 하나님께 첫 열매를 바치고 지켜주신 하나님께 감사하면서 어려운 이웃과 함께 음식과 교제를 나누는 공동체의식이었던 것입니다.

지금까지 추수 감사제의 유래를 간단히 알아보았는데 여기에서 몇 가지 공통점들을 발견하게 됩니다. 첫째, 추수 감사제의 시기는 감사제를 드리는 그 지역의 추수기와 연관되어 있다는 점입니다. 유대인들은 이들의 추수철인 맥추일에, 미국인들은 가을에 추수 감사제를 드렸던 것입니다. 둘째, 추수 감사제는 하나님께 대한 감사의 고백인 동시에 이웃과 만나 교제를 나눈 기독공동체 모임이었다는 점입니다. 유대인들은 맥추일에 이웃, 친지들과 함께 모여 하나님께 제사를 드리면서 음식을 나누었습니다. 청교도들은 그들의 친구였던 인디언들과 음식을 함께 나누며 일주일 동안 추수감사절을 지켰던 것으로 전해지고 있습니다.

이를 보건대 추수감사절은 추수한 첫 열매를 하나님께 바치고 감사드리며 이웃들과 만나 기쁨과 친교를 나누는 풍성한 놀이마당이었던 것입니다. 이러한 의미를 오늘날 재현하고 계승해나가는 것이 추수 감사제를 맞이하는 바른 자세일 것입니다.

3. 추석날에 추수 감사제를

그러면 우리 조상들이 지켜온 추석 한가위를 생각해 봅시다. 육당 최남선은 정월 보름과 추석을 우리나라의 양대 명절이라고 하였습니다. 더위는 가고 서늘해지니 들녘에 백곡소과(百穀蔬果)가 익고 모든 상황이 풍성하니 '더도 말고, 덜도 말고, 늘 가윗날만 같아라' 하는 속담이 있다고 하였습니다(최남선, 35).

추석은 한해 농사를 마치고 땀 흘린 보람을 흠뻑 느끼며 맘껏 즐기던 축제였습니다.

"아이들은 추석빔으로 고운 새 옷을 갈아입고 … 어른들도 추석 2,3일 전부터 조상의 묘를 찾아가서 풀을 베고 성묘 준비를 하며 추석날에는 어른들도 새 옷을 갈아입고 새 곡식으로 떡도 하고 술도 빚었다가 차례를 지내며 이웃과 서로 나누어 먹으며 산소를 찾아가서 조상에게 성묘를 하였다. 객지에 나가 있던 가족들도 추석 명절에는 고향으로 돌아간다 … 새로 나온 햅쌀로는 술을 빚어서 차례상에 올리고, 음복을 하며 손님을 청해서 마시기도 하니 시식이 없을 수 없는 것이다. '시식'이란 그 시절 시절의 음식으로서 계절의 감각과 기쁨을 주는 것이며, 그것이 자기가 땀 흘려서 만든 것일수록 맛과 기쁨은 더한 것이다. 이 추석 때의 시식의 대표되는 것이 송편이다…"(장주근, 1974. 138)

이 뿐이 아닙니다. 추석날에는 갖가지 놀이판들이 벌어졌습니다. 그 대표적인 것들이 전라남도 남해안 부녀자들이 즐긴 강강술래, 줄다리기, 농악놀이, 경남 일대에서 벌인 소싸움과 닭싸움, 이밖에도 소몰이, 씨름대회, 윷놀이, 투전, 춘향 각시 놀음, 기와 밟기 등이 전국 각지에서 벌어져 나라가 온통 축제 분위기였습니다.

추석의 의미를 간단히 정리해 봅시다. 첫째, 추석은 한해 농사를 마치고 추수한 첫 곡식을 조상과 신에게 드리는 종교행사였습니다. 둘째, 고향을 떠난 사람들이 다시 돌아와 친지와 이웃들이 함께 모여 즐기는 친교와 화합의 장이었습니다. 셋째, 온 마을 사람들이 한자리에 모여 즐긴 놀이였습니다.

참고로 우리나라의 놀이는 다음의 세 가지 특징들을 가지고 있는데 첫째, 놀이 자체가 종교의식이라는 점과, 둘째, 놀이의 대부분이 마을 또는 이웃마을 사람들과 어우러져서 이루어지는 공동체 놀이라는 점, 그리고 우리나라에서는 많은 놀이들이 일과 놀이가 구분되어 있지 않고 일(노동) 가운데 놀이가 이루어지고 놀이를 통해 일을 해왔다는 독특함을 가지고 있습니다. 이러한 점에서 추석에서 이루어진 모든 놀이들, 제사, 교제가 서로 분리되어있지 않고 한데 어우러져 있다는 사실을 조금이라도 주의 깊게 살펴보면 이내 알 수 있을 것입니다. 추석의 모습이 제사를 드린 대상이 다를 뿐 맥추절에 유대인들이 하나님께 드린 추수감사제와 너무 흡사하다는 점이 흥미롭습니다.

맺는 말

우리는 오늘날 우리 교회가 11월 셋째 주일을 추수감사 주일로 지키는 것이 성서에 기초한 것이 아니라 미국교회의 전통에 근거하였다는 점을 확인하였습니다. 미국 그리스도인들에게는 추수감사 주일을 11월에 치루는 것이 합당할지 몰라도 우리 교회가 이를 따라야 하는 적법한 이유가 없습니다.

이러한 점에서 나는 다음과 같이 제언하고 싶습니다. 우리 민속절기에 맞추어 첫 곡식을 거두어들이는 추석을 기해 추수 감사제를 창조주 되시는 하나님께 드리도록 하자는 말입니다. 지금까지 오랜 세월 동안 첫 열매를 조상신이나 잡신들에게 바치며 감사와 기원을 하여 왔습니다. 하지만 이제 만물을 창조하시고 주인 되시는 하나님을 알게 된 우리 그리스도인들은 추석날 하나님께 첫 열매를 바치고 감사하며 함께 즐기는 것이 합당하고 올바른 도리라고 생각합니다.

하나님은 유대인들만의 하나님이 아니시며, 더더욱 미국인들만의 하나님이실 수 없는 우리 모두의 하나님이십니다. 그렇다면 우리 한국인들 앞에 다가오신 하나님께 한국인의 모습으로 신앙고백을 한다는 것은 지극히 당연합니다. 조상신과 잡신에게 바쳐진 제사상을 치워버리고 그 자리에 하나님께 첫 열매를 바치는 것이야말로 우상 제거요, 토착화를 자리매김하는 든든한 기초가 된다고 생각합니다.

토착화가 감정적인 동기나 뭔가 새로운 논리를 제시하겠다는 우월감에서 비롯된다면 너무도 부끄러운 짓이며 토착화의 거룩한 길을 가로막는 명백한 잘못입니다. 이에 관해 대천덕 신부(1985)는 "우리가 단지 호기심만으로 이 일(필자 주: 토착화)을 하려고 한다면 길을 잘못 들고 말 것입니다… 형제는 먼저 자신에게 물어보아야 할 것입니다. '이 일을 하는 것이 하나님의 영광을 위함이냐 아니면 나의 영광을 얻기 위함이냐고 말입니다'"(대천덕, 120)라고 하였습니다.

대천덕 신부(1985)는 또한 그의 저서 『골짜기에서 온 편지 2』에서 제시한 우리나라 민속절기와 교회력 절기와의 명확한 일치를 여실히 증명하는 다음의 도표를 제시하고 있습니다. 추석은 유대 절기에 따르면 장막절 바로 다음날과 일치한다(대천덕, 114)고 하였는데 우연이라고 하기에는 너무나 흡사한 이 사실의 진면목을 벗겨내게 될 때에 한가위 날은 비로소 첫 열매 되셔서 우리에게 부활을 주신 예수님과 함께 하나님, 그리고 우리 모두의 감격스런 놀이마당으로 자리 잡게 되리라 믿습니다.

음력 절기	교회력 절기	음력 절기	교회력 절기
소한	공현	입추	오주병용
대한	성 악네스	저서	성 바돌로메오
입춘	성 아가타	백로	성모 마리아탄일
경칩	성 페르케뚜아	추분	성 마태
춘분	성 베네딕	소설	성 세실리아
청명	성 암부로스	대설	성 니콜라
입하	성 모니카	동지	성 도마
하지	성 알반		

〈표 1 : 우리나라 민속절기와 교회력절기 대조〉(대천덕, 120)

칠면조 사냥(2.175)

- **인원** : 6명 이상
- **준비물** : 없음
- **소요시간** : 10~15분
- **모둠의 형태** : 전체 모둠
- **물리적 환경** : 참가자들이 자유롭게 뛰어다니면서 즐길 수 있는 장소

추수감사절에 사용할 칠면조를 사냥하는 놀이입니다. 참가자가 6명인 경우에는 그 중에서 두 명이 사냥꾼이 되고 그 이상은 참가자들의 수에 따라 사냥꾼의 수를 적당히 늘리도록 하십시오. 시작이 되면 술래는 사냥꾼이 되어서 칠면조들을 쫓아가서 잡는데 칠면조(도망치는 사람)의 몸에 사냥꾼의 손만 닿아도 죽습니다. 잡힌 칠면조는 그 자리에서 움직일 수 없으며 옆구리에 팔을 붙이고 날개 치듯 손을 팔락팔락하며 "꽤-액 꽥"하며 소리칩니다. 그러다가 다른 칠면조가 와서 치면 다시 살아서 도망갈 수 있습니다. 하지만 한 사람(칠면조)이 세 번째 잡힐 때에는 사냥꾼이 되어서 이번에는 사냥에 나서게 됩니다. 모든 사람이 잡히거나 모든 사람이 사냥꾼이 될 때까지 계속 합니다.

추수 빙고(2.176)

- **인원** : 10명 이상

- **준비물** : 놀이용지와 연필(인원수만큼)
- **소요시간** : 15~20분
- **모둠의 형태** : 전체 모둠
- **물리적 환경** : 참가자들이 둘러앉아 즐길 수 있는 장소

참가자들에게 아래의 빙고용지를 나누어 주고 한 칸에 열매 또는 곡식을 한 가지씩 기록하도록 하십시오. 예를 들어 쌀, 수수, 조, 사과, 감, 배, 대추 등과 같이 가을에 거둬들이는 곡물과 열매들을 기록하는 것입니다. 하지만 25개의 칸을 모두 채우기란 쉽지 않으므로 계절에 관계없이 아무런 곡식, 열매, 채소의 이름을 적어도 됩니다.

사람들에게 용지를 한 장씩 나누어 주고 5분 정도 시간을 준 다음에 지도자가 이름을 한 개씩 부르면 언젠가는 5개의 이름들이 일자를 이루는 사람이 나오게 되지요. 일자(가로, 세로, 또는 대각선)를 이룬 사람은 손을 들면서 "추수요!"하고 외치도록 하며 이런 사람들에게는 준비한 선물을 증정합니다.

감사하는 마음(2.177)

- **인원** : 30~50명
- **준비물** : 놀이용지와 연필(인원 수만큼)
- **소요시간** : 30분 정도
- **모둠의 형태** : 전체 모둠
- **물리적 환경** : 참가자들이 자유롭게 돌아다니면서 즐길 수 있는 장소

여자(남자)친구가 있는 사람	학교 성적이 오른 사람	안경을 끼게 된 사람	난처한 경험을 했던 사람	여드름이 나기 시작한 사람
오랜 친구를 만난 사람	새 자전거를 갖게 된 사람	기도응답을 받은 사람	상을 받은 사람	결혼한 형제가 있는 사람
잃었던 물건을 되찾은 사람	해외여행을 다녀온 사람	성경책을 통독한 사람	다이어트에 성공한 사람	못된 버릇을 고친 사람
그리스도인이 된 사람	소중한 선물을 받아본 사람	동아리활동을 하는 사람	오랜 고민을 해결한 사람	캠핑을 다녀온 사람
키가 부쩍 큰 사람	책을 10권 이상 읽은 사람	과수원에 가 본 사람	병원에 한번도 안 가본 사람	새 친구를 사귀게 된 사람

추수감사절에 딱 어울리는 빙고입니다. 도표와 같은 빙고용지를 미리 준비해 두었다가 사람들에

게 한 장씩 나누어 주십시오. 시작이 되면 사람들은 용지를 가지고 이 사람 저 사람을 찾아다니면서 지난 한 해 동안 겪은 소중한 추억들을 서로 나누면서 칸마다 이름을 채우는데 자신의 이름뿐만이 아니라 어느 다른 사람의 이름도 두 번을 기록할 수 없습니다. 따라서 25명의 이름이 적혀 있어야 합니다. 이 빙고는 다른 빙고와 달리 참가자들 간에 많은 대화가 이루어지도록 고안된 포근한 놀이입니다. 지도자는 이름을 한 가지씩 호명하면서 5칸이 1자를 이룬 사람에게 준비한 상품을 증정해 주십시오. 지도자는 단지 이름만 부를 것이 아니라 가끔씩 사람들에게 그 사람이 어느 칸에 이름이 적혔는지를 물어보고 당사자에게 몇 가지 질문을 하십시오. 너무 많은 질문은 오히려 따분해지기 쉬우므로 신속하게 진행하기 바랍니다.

미친 닭 솎아내기 (2.178)

- **인원** : 10명 이상
- **준비물** : 없음
- **소요시간** : 15~20분
- **모둠의 형태** : 전체 모둠
- **물리적 환경** : 참가자들이 둘러앉아 즐길 수 있는 장소

지도자는 참가자들 중에서 지원하는 두 사람을 앞에 모십니다. 지도자는 이들에게 앞으로 진행될 칠면조 울음 콘테스트에서 심판을 하게 될 것이라고 알려준 다음 잠시 방 밖으로 나가 있도록 합니다. 그런 다음 지도자는 남은 사람들에게 다음과 같이 두 사람을 골탕 먹이자고 알려 주십시오.

즉 두 사람 중에서 한 사람을 먼저 방에 들어오도록 하여 사람들에게 이 사람 앞에서 닭 울음소리를 크게 한 번, 두 번, 세 번 내도록 합니다. 이때 심판은 사람들 중에서 누가 가장 크게 울었는지를 알아 맞추어야 합니다. 사람들은 지도자의 신호에 맞춰서 천장이 내려앉을 만큼 닭 울음소리를 크게 내고 심판은 누구의 목소리가 가장 큰지 지적하도록 합니다. 하지만 심판이 지적한 사람은 언제나 틀립니다. 결국 이 심판은 세 번 연속 틀린 것이 되고 이 심판도 이들 사이에 껴서 두 번째 심판을 맞아들입니다.

두 번째 심판도 같은 방법으로 목소리가 가장 큰 사람을 찾아내는데 첫 번째, 두 번째는 모두 틀린 것으로 합니다. 이제 마지막 세 번째에 사건이 벌어지게 됩니다. 지도자가 '하나 둘 셋' 하고 외

치면 이때 사람들은 모두 숨을 크게 들이쉬고 큰 소리를 낼 시늉을 하다가 이번에는 입을 딱 닫아버립니다.

그러면 결국 어떤 일이 벌어질까요? 첫 번째 심판만이 목이 터져라 "꼬끼오-오"하고 외치게 될 것이고 두 번째 심판은 가장 큰 울음소리를 낸 그 사람(첫 번째 심판)을 알아 맞추게 됩니다. 이를 정리하면 두 사람의 심판들만 모르고 지도자와 나머지 사람들은 놀이가 마칠 때까지 시치미를 뚝 떼고 있어야 합니다.

칠면조 퍼레이드(2.179)

- **인원** : 20~40명
- **준비물** : 휴지, 화장지, 헌 스타킹, 스카치테이프, 가위, 신문지, 매직펜 등을 담은 (모둠 수만큼)
- **소요시간** : 20~30분
- **모둠의 형태** : 5~8명으로 구성된 여러 모둠
- **물리적 환경** : 모둠별로 모여 참가자들이 함께 즐길 수 있는 장소

5~8명씩 모둠을 만들고 각 모둠에게 휴지, 화장지, 못쓰는 스타킹, 스카치테이프, 가위, 신문지, 매직펜 등을 나누어 주십시오. 지도자는 제한시간(10분 정도가 적당합니다)을 주고 사람을 모델로 하여 칠면조를 멋지게 장식하도록 주문합니다. 시작이 되면 모둠별로 전원이 달려들어서 칠면조를 만들어 봅니다. 모델이 된 칠면조들은 퍼레이드를 벌이고 어느 모둠 칠면조가 가장 멋진지(엉뚱한지, 우스꽝스러운지, 못생겼는지, 맛있게 생겼는지 등) 알아봅니다.

감사하는 마음(2.180)

- **인원** : 10~30명
- **준비물** : 성경구절을 적은 쪽지(인원 수만큼)
- **소요시간** : 30~40분
- **모둠의 형태** : 5~8명으로 구성된 여러 모둠
- **물리적 환경** : 모둠별로 둘러앉아 활동할 수 있는 장소

아래의 성경구절을 적은 쪽지들을 나누어 주고 모둠별로 성경구절의 저자들이 무엇을 감사드리고 있으며 그 의미가 무엇인지를 알아보고 기록하도록 합니다. 지도자는 여유 있게 시간을 주고 (20~30분) 모둠별로 대표가 나와서 성구들 중에서 한두 개를 선택하여 지금까지 나누었던 감사의 이유를 소개하는 시간을 갖습니다.

시편 30:4~5 / 고린도전서 15:55~57 / 시편 97:10~12 / 고린도후서 2:14 / 역대상 29:6~13 / 고린도후서 9:15 / 다니엘서 2:23 / 빌립보서 1:3~5 / 사도행전 27:34~35 / 데살로니가후서 1:2~3 / 로마서 1:8 / 디모데전서 4:3~5 / 로마서 6:17~18 / 요한계시록 11:16~17

(4) 크리스마스 놀이

성탄절이 다가오면 나는 언제나 크리스마스이브에 아버지 손을 잡고 번잡한 명동 길을 거닐던 생각이 떠오릅니다. 그런 다음 우리 가족은 시끌벅적한 그 거리를 빠져나와 교회에 가서 예배를 드리고 예수님 생일잔치에서 노래를 부른 덕에 선물을 한아름 타고 오던 기억은 지금도 새롭습니다. 그리고는 우리 온 가족은 집에 돌아와서 생일 케이크에 촛불을 켜고 조용히 예배드렸습니다. 나는 이런 가운데 예수님을 알게 되었고 성장해 왔던 것입니다.

아래에 조용한 가운데 경건하게 예배를 드린 다음 갖는 축하 잔치에 적절한 놀이 몇 가지를 소개합니다. 이 놀이들이 독자들이 준비하는 모임에 조금의 도움이라도 될 수 있기를 기대합니다.

노래하는 크리스마스카드(2.181)
- **인원** : 제한 없음
- **준비물** : 대형 냉장고를 담은 포장박스
- **소요시간** : 모임 전에 미리 준비해 두십시오.
- **모둠의 형태** : 전체 모둠
- **물리적 환경** : 참가자들이 모두 한 자리에서 즐길 수 있는 장소

　크리스마스 축하 모임을 시작할 때에 여는 놀이로 그만입니다. 우선 대형 냉장고를 담은 종이박스를 한 개 구해 놓으십시오. 이 박스로 커다란 카드를 만드는데 표지에는 크리스마스 나무를 그려서 예쁘게 장식하고 내용을 적는 안쪽에는 인사말을 커다랗게 쓰고 군데군데 머리가 들어갈 만한 크기의 구멍을 뚫어 놓습니다. 그리고 몇 사람이 뒤에서 구멍으로 얼굴을 내놓고 대기하고 있도록 하십시오.

　이 카드는 모임 장소 앞면이나 무대에 미리 설치해 둡니다. 모임이 시작되어 사회자가 "인사를 대신하여 이 세상에서 가장 크고 놀라운 카드를 여러분께 보내드립니다."라고 카드를 소개하면 카드 옆에 대기하고 있던 사람이 카드를 열어 보입니다. 놀랍게도 그 속에는 사람들이 들어 있어서 이들이 성탄축하 노래를 부르게 되지요. 아주 신선한 즐거운 모습입니다. 참가자들에게는 미리 들통 나지 않도록 유의하세요.

인간 크리스마스트리(2.182)

- **인원** : 10~40명
- **준비물** : 크리스마스트리 장식에 필요한 색종이, 테이프, 신문지, 풀 등이 들어 있는 상자
  (모둠 수만큼)
- **소요시간** : 30분 정도
- **모둠의 형태** : 5~8명으로 구성된 여러 모둠
- **물리적 환경** : 모둠별로 모여 참가자들이 모두 즐길 수 있는 장소

　　5~8명씩 여러 모둠을 만들고 모둠별로 크리스마스 나무가 될 여자 또는 남자 한 사람씩을 정하도록 합니다. 각 모둠에게 크리스마스 나무 장식물들이 든 상자 한 개씩을 나누어 주고 사람을 나무 삼아서 장식하도록 합니다. 시간은 10분 정도가 적당하며 이미 만들어진 장식만 사용하기 보다는 가위, 풀, 핀 등을 사용하여 색종이를 잘라 만들어 보도록 하십시오. 모두 마치고 나면 인간 크리스마스트리들이 벌이는 퍼레이드를 즐겨보세요.

크리스마스 모자(2.183)

- **인원** : 10~30명
- **준비물** : 색상지, 가위, 풀(모둠 수만큼)
- **소요시간** : 20~30분
- **모둠의 형태** : 5~8명으로 구성된 여러 모둠
- **물리적 환경** : 모둠별로 모여 참가자들이 함께 즐길 수 있는 장소

　　5~8명으로 구성된 여러 모둠을 만들고 모둠별로 색상지, 가위, 풀 등을 주고 그룹의 특성에 맞는 멋진 모자를 만들도록 합니다. 시간은 10분을 크게 넘지 않는 것이 좋습니다. 모자를 다 만든 다음에는 모둠끼리 경연을 벌이며 모임을 마칠 때까지 쓰고 있을 수 있습니다.

산타할아버지 선물 주머니(2.184)

- ■ 인원 : 20~30명
- ■ 준비물 : 의자(인원 수만큼)
- ■ 소요시간 : 15~20분
- ■ 모둠의 형태 : 전체 모둠
- ■ 물리적 환경 : 참가자들이 둘러앉아 자유롭게 뛰어다닐 수 있는 장소

술래를 제외한 참가자 전원이 원대형으로 의자에 앉도록 하는데 의자 수를 인원 수에 정확히 맞추어서 여분의 의자가 없도록 하십시오. 그런 다음 산타 할아버지의 선물 주머니에 들어있는 선물이 되어야 하므로 참가자들은 각자 다른 선물 이름을 정하도록 합니다.

놀이가 시작되면 술래는 산타 할아버지가 되어 원 안을 돌아다니며 여행을 떠나기 전에 필요한 선물을 고르는 시늉을 합니다. 술래가 지명한 사람은 의자에서 일어나 술래의 어깨에 양 손을 얹고 원 둘레를 돌아야 하는데 술래가 갑자기 "자, 떠나자!"하고 외치면 술래와 원 안의 사람들은 잽싸게 비어있는 자리를 찾아가야 합니다. 이때 한사람은 당연히 자리를 차지하지 못하게 되므로 이 사람이 술래가 되어 다시 계속합니다. 술래가 재담을 곁들이면 한결 재미있습니다.

캐럴 축제(2.185)

- ■ 인원 : 10~40명
- ■ 준비물 : 소리를 낼 수 있을 만한 취사기구(냄비뚜껑, 숟가락, 프라이팬 등)나 물건들(빈병, 빨래판 등)
- ■ 소요시간 : 20~30분 정도
- ■ 모둠의 형태 : 5~8명으로 구성된 여러 모둠
- ■ 물리적 환경 : 모둠별로 활동하면서 참가자들이 모두 함께 즐길 수 있는 장소

캐럴송이 없는 크리스마스는 상상할 수조차 없습니다. 매년 크리스마스 분위기는 라디오를 통해서 들려오는 '루돌프 사슴 코'와 같은 캐럴에서부터 시작되는지도 모릅니다. 자, 이번에는 기발하고 희한한 악기를 동원하여 재미나고 신나는 캐럴 축제를 준비해 봅시다. 요즈음 '난타'가 유명하

지요. 이처럼 프라이팬, 숟가락, 빈병, 빨래판, 냄비 뚜껑과 같은 것부터 시작하여 호루라기, 탬버린 등을 가지고 신나게 모둠별로 연주해 봅시다.

크리스마스카드 퍼즐(2.186)

- **인원** : 10~40명
- **준비물** : 모둠별로 모둠 인원 수만큼의 조각으로 자른 크리스마스카드와 봉투
- **소요시간** : 15~20분
- **모둠의 형태** : 5~8명으로 구성된 여러 모둠
- **물리적 환경** : 모둠별로 활동하면서 참가자들이 모두 함께 즐길 수 있는 장소

이미 사용한 크리스마스카드를 모둠 수만큼 준비하여 가위나 칼로 카드를 잘게 조각내십시오. 이 때 카드 모양이 모두 달라야 합니다. 조각의 수는 모둠별 인원 수에 따라 달리 결정하며 자른 조각들은 카드별로 모아 서류봉투에 넣어 두십시오. 조각은 일직선으로 자르지 말고 삐뚤빼뚤하게 자르도록 하세요.

지도자는 각 모둠의 주장들에게 봉투를 한 개씩 나누어 주고 시작이 되면 모둠별로 봉투에 들어 있는 조각들을 꺼내어서 협동하여 그림을 맞추도록 합니다. 놀이는 마지막 모둠이 그림을 맞출 때까지 계속하세요.

좀 더 복잡하고 다른 모둠들과의 관계형성이 이루어질 수 있도록 하기 위하여 각 봉투에서 조각을 두 개씩 뽑아서 다른 봉투에 섞어 놓을 수 있습니다. 이런 경우에는 모든 모둠이 조각을 맞추다

보면 전혀 맞지 않는 조각이 두 개씩 나오므로 각 모둠에서 한 사람은 다른 모둠들을 돌아다니면서 자기에게 필요한 조각을 찾아다니십시오. 자기 조각을 찾으면 즉시 이를 달라고 요청할 수 있으며 요청을 받는 모둠은 이 요구를 거부할 수 없습니다. 자기에게 필요한 조각이 상대방에게도 있으면 서로 교환할 수 있어서 다행이지만 없을 경우에도 거부할 수 없으며 불필요한 조각이라도 일단 받아두어야 합니다. 조각이 없으면 자기가 필요한 조각을 살 수가 없기 때문입니다.

인형 때리기(2.187)

- **인원** : 10~30명
- **준비물** : 눈가리개, 종이 몽둥이, 종이나 헝겊으로 만든 인형, 사탕이나 과자, 땅콩 등과 같은 간식거리들을 가득 담은 종이봉투
- **소요시간** : 15~20분
- **모둠의 형태** : 전체 모둠
- **물리적 환경** : 참가자들이 둘러앉아 즐길 수 있는 장소

멕시코인들이 크리스마스에 즐기는 민속놀입니다. 사탕, 과자, 호두, 아몬드, 땅콩 등을 가득 담은 종이봉지 윗부분을 끈으로 단단히 묶은 다음 다른 종이나 헝겊을 사용하여 남자 또는 여자 인형을 여러 개 만들어 놓습니다. 인형 안에 종이봉지를 붙이고 그 인형을 천장에 매달고 참가자 중에 한 사람씩 교대로 나와서 눈가리개를 하고 신문지를 둘둘 말아서 단단하게 만든 종이 몽둥이로 인형을 때리도록 합니다. 전원이 번갈아 가면서 하고 인형이 터져서 내용물이 바닥에 떨어지면 나머

지 사람들은 달려들어서 줍도록 합니다. 헌 신발이나 밀가루를 넣은 인형도 몇 개 준비해 두면 재미있겠지요.

탄일 종(2.188)

- **인원** : 10~40명
- **준비물** : 1인당 은박지나 금박지로 만든 종 각각 5개
- **소요시간** : 15~20분
- **모둠의 형태** : 전체 모둠
- **물리적 환경** : 참가자들이 자유롭게 돌아다니면서 즐길 수 있는 장소

참가자 전원에게 은박지나 금박지를 잘라서 만든 종을 5개씩 나누어 주십시오. 시작이 되면 사람들은 돌아다니면서 만나는 사람들과 "MERRY CHRISTMAS!" 하고 인사를 나눈 다음 가위바위보를 하고 진 사람은 이긴 사람에게 가지고 있는 종을 한 개 주십시오. 지도자의 신호가 있을 때까지 계속하며 그 동안 사람들은 가능한 한 많은 사람들과 만나서 인사를 나누고 가위바위보를 합니다. 종을 가장 많이 가지고 있는 사람에게는 자그마한 상품을 준비하여 전달하도록 합시다.

이 놀이는 여러 모둠으로 나누어서 진행할 수도 있는데 나중에 어느 모둠이 가장 많이 종을 가지고 있는지 겨루어 봅니다.

양파 벗기기(2.189)

- **인원** : 10~20명
- **준비물** : 5~8겹으로 포장된 선물, 매 포장지마다 지시문을 넣어 두십시오.
- **소요시간** : 10~15분
- **모둠의 형태** : 전체 모둠
- **물리적 환경** : 참가자들이 둘러앉아 즐길 수 있는 장소

양파 껍질처럼 여러 겹으로 포장되어 있는 선물을 한 장씩 벗겨 봅시다. 문제는 매 포장지마다 안쪽 면에 지시문이 한 가지씩 적혀 있어서 포장지를 뜯은 그 사람이 지시문에 따라야 한다는 것입니다. 지지문 내용은 지도자가 미리 정하여 적어 놓는데 예를 들면 "왼쪽 옆 사람의 오른쪽 볼에 연지를 바르십시오"라든가 "크리스마스 캐럴 중에서 한 가지를 멋들어지게 부르십시오"하는 식입니다.

크리스마스 캐럴을 모두 함께 부르다가 지도자가 갑자기 노래를 중지하였을 때 선물을 들고 있는 사람이 포장지를 뜯습니다. 맨 마지막에는 정말 예쁜 선물이 들어 있어서 마지막 사람은 뜻밖의 선물을 받게 됩니다.

산타할아버지 보고싶어요(2.190)

- **인원** : 10~30명
- **준비물**: 눈가리개와 전지, 수성 펜(모둠 수만큼)
- **소요시간** : 15~20분
- **모둠의 형태** : 5~8명으로 구성된 여러 모둠
- **물리적 환경** : 모둠별로 모여 참가자들이 함께 즐길 수 있는 장소

5~8명씩 여러 모둠으로 나누고 전면 벽(또는 게시판)에 각 모둠 당 종이(전지) 한 장씩을 붙여두십시오. 각 모둠은 출발선에 정렬하고 눈가리개를 합니다. 지도자는 각 모둠에서 한 사람씩 벽에 붙어 있는 종이로 다가가서 산타 할아버지의 얼굴을 그리도록 하는데 한 사람이 얼굴의 한 부분(눈, 코, 입, 귀, 얼굴, 콧수염 등)만 그릴 수 있습니다. 이때 다른 사람들은 그림을 그리는 동료가 종이에 다가가서 바른 위치에 그림을 그릴 수 있도록 큰 소리로 알려 주십시오. 나중에는 희한한 산타 할아버지들이 나올 텐데 어느 모둠의 그림이 가장 특이한지 알아봅니다.

산타할아버지 그리기(2.191)

- **인원** : 10~30명
- **준비물** : 주사위, 크레파스, 1절지 종이, 스카치테이프(모둠 수만큼)
- **소요시간** : 15~20분

- **모둠의 형태** : 5~8명으로 구성된 여러 모둠
- **물리적 환경** : 모둠별로 모여 참가자들이 함께 즐길 수 있는 장소

   5~8명씩 두세 모둠으로 나누고 모둠으로 나누고 교대로 주사위를 던져서 숫자에 따라 정해진 얼굴 부분을 그립니다. 예를 들면 한 사람이 주사위를 던져서 2번이 나왔고, 2번은 코로 정해져 있으면 그 사람은 산타 할아버지의 얼굴에 코만을 그릴 수 있습니다. 그런데 자기 모둠의 다른 사람이 주사위를 던져서 2번이 나오는 경우에는 그 사람은 실격이 됩니다. 이런 방법으로 산타크로스 할아버지의 얼굴을 완성하는 것입니다. 지도자는 사전에 얼굴 부분과 주사위의 숫자를 맞추어서 별도의 종이에 적어서 벽에 붙여 놓도록 하십시오〈예: ⑴눈, ⑵코, ⑶입, ⑷귀, ⑸턱수염, ⑹콧수염〉.

양말 주머니(2.192)
- **인원** : 20~40명
- **준비물** : 길이가 5m 정도 되는 면으로 만든 양말(모둠 수만큼)
- **소요시간** : 15~20분
- **모둠의 형태** : 10~15명으로 구성된 여러 모둠
- **물리적 환경** : 모둠별로 모여 참가자들이 함께 즐길 수 있는 장소

   크리스마스가 되면 아이들은 양말을 머리맡에 놓거나 크리스마스트리에 걸어놓는 풍습이 있습니다. 밤중에 산타클로스 할아버지가 찾아와서 양말에 선물을 집어 넣어 줄 것이라고 믿기 때문입니다. 모임이 시작되기 전에 적어도 길이가 5미터 정도 되는 커다란 양말 한 켤레를 만들어 놓으십시오. 양말은 두터운 면으로 만들도록 하며 찢어지거나 터지지 않도록 단단하게 바느질해 두고 크리스마스에 어울리는 빨강과 초록 양말을 한 개씩 준비하십시오. 기억해 둘 것은 양말 끝에다가 구멍을 뚫어 놓는 것입니다.

   시작이 되면 각 모둠 사람들은 양말을 한 개씩 차지하고 그 거대한 양말에 선물 대신 사람들이 들어가도록 합니다. 자! 어느 모둠의 사람들이 더 많은 양말 속으로 들어가는지 겨루어봅시다. 양말이 찢어져서는 안 됩니다.

받고 싶은 선물(2.193)
- **인원** : 10~15명
- **준비물** : 없음
- **소요시간** : 10~15분
- **모둠의 형태** : 전체 모둠
- **물리적 환경** : 참가자들이 둘러앉아 즐길 수 있는 장소

참가자들은 모두 둥글게 둘러앉고 참가자들 중에서 한 사람이 "성탄절에 나는 ○○을(를) 원합니다."라고 말하면 그 옆에 있던 사람은 "성탄절에 나는 ○○와 ××를 원합니다."하는 식으로 한 가지씩 덧붙여서 계속하십시오. 결국 물건(또는 희망사항 등)의 수는 계속 늘어나기만 하므로 갈수록 어려워지겠지요. 이렇게 하는 동안 물건 이름이나 순서를 틀리게 말한 사람이 속속 나오게 되지만 마지막 사람까지 계속해 봅니다.

캐럴 송(2.194)
- **인원** : 10~40명
- **준비물** : 없음
- **소요시간** : 15~20분
- **모둠의 형태** : 5~8명으로 구성된 여러 모둠
- **물리적 환경** : 모둠별로 모여 참가자들이 함께 즐길 수 있는 장소

5~10명씩 여러 모둠으로 나누고 각 모둠에서 주장을 한 사람씩 정하도록 합니다. 이 놀이에서 참가자들은 크리스마스 노래(찬송가 또는 캐럴)를 목청껏 신나게 부를 수 있습니다. 두 모둠이 서로 번갈아가며 노래를 부르게 되는데, 이때 어느 한 모둠이 노래를 이어서 부르지 못하거나 한 목소리로 노래를 부르지 못하는 경우, 그리고 이미 부른 노래를 다시 하는 모둠은 벌점 1점을 받게 됩니다.

처음에 시작할 때는 여유롭지만 시간이 지날수록 레파토리가 궁핍해지게 됩니다. 따라서 지도자는 점차 새로운 노래를 준비할 수 있도록 시간을 넉넉히 주도록 하십시오.

캐럴 퍼즐(2.195)
- 인원 : 10~40명
- 준비물 : 캐럴 송이나 성탄 찬송가를 복사한 용지들
- 소요시간 : 15~20분
- 모둠의 형태 : 5~8명으로 구성된 여러 모둠
- 물리적 환경 : 모둠별로 모여 참가자들이 함께 즐길 수 있는 장소

지도자는 사전에 모둠 수만큼의 캐럴이나 성탄 찬송가 악보를 복사해 두십시오. 복사한 악보들을 15조각으로 잘게 찢은 다음 모든 악보들을 마구 섞어서 봉투에 각각의 15조각씩 넣어두세요. 5-8명씩 여러 모둠을 만들고 각 모둠에 봉투를 한 장씩 나누어 주십시오.

지도자는 사람들에게 시작 신호가 나면 봉투에서 조각들을 즉시 꺼내어 퍼즐 맞추기를 하여서 어떤 노래인지를 알아보도록 합니다. 이때 문제는 각 모둠은 자기들이 가진 조각들만 가지고서는 아무런 노래도 완성할 수 없다는 점입니다. 따라서 어떤 노래 조각들이 가장 많은지를 먼저 확인하고 그 노래 악보를 완성해야 한다는 점입니다. 또 다른 문제는 모든 조각들이 여러 봉투에 온통 섞여 있기 때문에 다른 모둠들을 돌아다니면서 자기들의 악보조각들을 찾아내어 교환해야 한다는 것이지요.

다행스럽게도 두 모둠이 모두 상대방이 필요로 하는 조각이 있으면 맞교환하면 됩니다. 하지만 다른 모둠에 자기가 필요한 조각이 있어서 가져와야 하는데 상대 모둠이 필요한 조각을 가지고 있지 못한 경우에는 조각 대신 그 모둠원들이 요구하는 사항에 따라야 합니다. 예를 들어서 '토끼뜀을 30번 하시오' 하고 명령하면 조각을 얻기 위해서는 그 명령에 따를 수밖에 없습니다. 다른 모둠의 요구를 거절할 수 없기 때문입니다.

이렇게 하여 가장 먼저 조각 맞추기를 완성한 모둠은 그 노래를 신나게 부르도록 합니다. 간단해 보이지만 복잡하면서 바쁘게 돌아다녀야만 할 수 있는 놀이랍니다.

황금종을 찾아라(2.196)
- 인원 : 20~40명
- 준비물 : 참가자 전원에게 종이로 만든 파랑, 빨강, 초록색 종들

- 소요시간 : 15~20분
- 모둠의 형태 : 전체 모둠
- 물리적 환경 : 참가자들이 돌아다니면서 즐길 수 있는 장소

참가자 전원에게 마분지를 잘라서 만든 종이 종을 한 개씩 나누어 주십시오. 주먹 안에 감출 수 있을 만한 크기로 파랑색 종, 빨강색 종, 초록색 종 등 여러 가지 종들을 만드는데 황금색 종을 한두 개 섞어 놓도록 합니다. 지도자는 참가자들이 두 주먹을 꼭 쥐어서 다른 사람들이 어느 쪽 손에 종을 쥐고 있는지 눈치 채지 못하도록 하십시오.

시작이 되면 사람들은 이리저리 마음대로 돌아다니다가 마주치는 사람에게 "아기 예수님의 탄생을 축하합니다."라고 말합니다. 이렇게 먼저 성탄절 인사를 한 사람은 상대방이 어느 쪽 손에 종을 쥐고 있는지 먼저 알아맞출 수 있습니다. 이를 맞추게 되면 두 사람은 상호 종을 교환하고 다시 다른 사람들을 찾아갑니다. 한 사람을 두 번 이상 할 수 없으므로 항상 다른 사람을 찾아가서 하도록 하며 황금 종에 관한 정보는 사전에 절대로 알려주지 않도록 하십시오.

5분 정도 시간을 준 다음 지도자는 모든 사람들이 그 자리에 서도록 하고 누가 황금 종을 가지고 있는지를 알아봅니다. 바로 이 사람(들)이 행운의 선물을 받게 됩니다. 지도자는 모임에 참가한 사람들의 수에 따라 황금종의 수를 적당하게 정하십시오.

움직이는 케이크(2.197)

- 인원 : 10~40명
- 준비물 : 비닐봉지, 매직펜, 가위, 신문지, 색종이, 면도크림, 케이크용 초(2~3개), 성냥(모둠 수만큼)
- 소요시간 : 20~30분
- 모둠의 형태 : 5~8명으로 구성된 여러 모둠
- 물리적 환경 : 모둠별로 모여 참가자들이 함께 즐길 수 있는 장소

5~8명씩 여러 모둠을 만들고 각 모둠에서 자원하는 남자 한 명씩 정하도록 합니다. 모둠별로 비닐봉지, 매직펜, 가위, 신문지, 색종이, 면도크림, 케이크용 초(2,3개)를 나누어 주십시오. 시작이

되면 비닐봉지의 밑둥을 잘라서 머리에 뒤집어쓰고 그 사람의 머리를 잘 장식하여 멋진 생일 케이크를 만들어 보도록 하십시오. 자원한 사람들은 날벼락 맞은 기분일 수도 있지만 케이크를 만드는 사람들은 정말 신이 납니다. 이렇게 하여 만든 인간 케이크에 촛불까지 켜고 나서 퍼레이드를 벌여 봅니다.

꼭꼭 숨어라(2.198)

부모가 자녀들에게, 또 자녀들이 보모들에게, 형제자매간에 준비한 선물을 은밀한 곳에 감추어두고 서로 찾도록 하는 선물 찾기 놀이입니다. 즐겁게 놀면서도 선물도 찾는 그야말로 꿩 먹고 알 먹기 식의 놀이입니다. 선물을 준비한 사람들은 책상 밑, 꽃병 안, 소파 뒤와 같은 은밀한 곳에다가 그 선물들을 깊숙이 감추어 두세요.

숨겨 놓은 선물을 마구 찾아나서는 것이 아니라 자녀는 선물을 찾아서 이리저리를 천천히 돌아다닐 때 엄마 또는 아빠가 함께 따라다니면서 숨겨 놓은 선물이 있는 곳으로 다가서면 "앗 뜨거, 앗 뜨거"하고 외치고, 선물이 있는 곳에서 멀어지면 "앗 차거, 앗 차거"라고 하여 방향을 넌지시 알려 주십시오. 그리고 숨겨 놓은 물건에 가까이 갈수록 더 큰 목소리로 외치고, 멀어지면 점점 더 작은 목소리를 내도록 하세요. 결국 선물을 찾게 될 터인데 따뜻하게 껴안아 주면서 축하해 주세요.

(5) 벌 대신 받는 놀이

우리나라에서는 놀면서도 벌을 주려고 애쓰는지 그런 모습을 보면 화가 납니다. 경쟁은 놀이의 조건이지 승패가 목적이 되어서 상을 주거나 벌을 세우는 것은 옳지 못한 태도입니다. 여기에 놀이를 하다가 벌로 받는 즐거운 놀이들을 소개합니다. 하는 사람도 즐겁고 이를 보는 사람들은 더 즐거운 그런 놀이를 즐겨보세요.

이마 위의 과자(2.199)
■ 준비물 : 과자

놀이에서 걸린 사람들을 앞에 나오도록 하여 과자를 한 개씩 나누어 주고 이마 위에 과자를 올려 놓도록 합니다. 시작이 되면 사람들은 손을 대지 않고 안면 근육을 움직여서 누가 가장 빨리 이마 위의 과자를 입에까지 옮겨서 먹는지 즐겨 봅니다. 그러다가 떨어뜨린 사람은 과자를 주워서 이마 위에 올려 놓고 다시 해 보도록 하세요.

풍선 면도(2.200)
■ 준비물 : 풍선, 면도거품(foamy), 면도기(모둠 수만큼)

각 모둠에서 남녀 한 쌍씩 나와서 남자는 풍선을 크게 불고 묶어서 풍선 꼭지를 입에 물고 있도록 합니다. 여자는 자기 짝이 물고 있는 풍선에 면도거품을 잔뜩 묻힙니다. 이렇게 모든 모둠이 준비가 되면 이번에는 여자들에게 일회용 면도기를 한 개씩 나누어 주고 풍선을 면도하도록 해 보십시오. 터지면 난리가 나므로 조심하세요. 어느 모둠이 가장 말끔하게 풍선을 면도하였는지 알아봅시다. 여자의 눈을 가리고 할 수도 있습니다.

가랑이 사이로 잡기(2.201)

■ 준비물 : 손수건 또는 공

　참가자들은 두 발을 벌린 상태로 바깥쪽을 바라보고 둥글게 둘러서고 원 가운데에 손수건을 놓아 둡니다. 시작이 되면 참가자들은 앞으로 몸을 구부리고 다리 사이로 손을 집어 넣어 손수건을 잡도록 하는데 무릎을 굽혀서는 안 됩니다. 이렇게 하다보면 엉덩이가 서로 부딪혀서 넘어지는 사람들이 여럿 나오게 되지요.

바나나 빨리 까먹기(2.202)

■ 준비물 : 바나나

　네 명을 앞에 세운 다음 바나나를 한 개씩 나누어 주고 눈을 가립니다. 지도자는 한 손만을 사용하여 바나나 껍질을 까서 빨리 먹은 사람이 이기는 놀이라고 알려 줍니다. 눈가리개를 하고 모두 준비를 마치면 사회자는 한 사람을 빼고 나머지 사람들을 제자리로 되돌려 보냅니다. 결국 한 사람만이 남아서 시작 신호가 나는 즉시 허겁지겁 까먹는 모습을 보게 됩니다.

몽둥이찜질(2.203)
- ■ 준비물 : 신문지를 말아서 만든 종이 몽둥이와 눈가리개(3~5개)

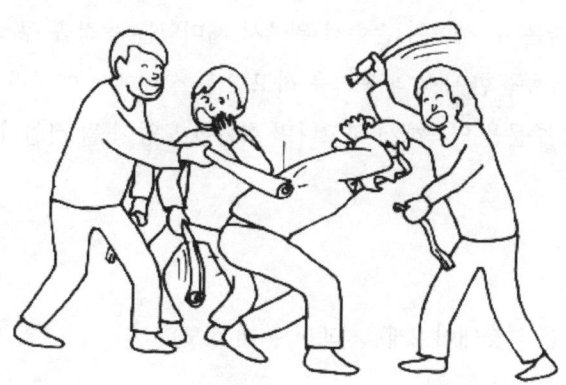

　3~5명을 정하여 앞에 세우고 신문지를 말아서 만든 몽둥이를 하나씩 나누어 주고 눈을 가리도록 합니다. 사람들에게 시작 신호가 나면 들고 있는 몽둥이를 가지고 서로 사정없이 때리게 합니다. 그리고는 한 사람만 빼고 나머지 사람들의 눈가리개를 살짝 벗겨줍니다. 시작이 되면 눈가리개를 한 사람만 정신없이 영문도 모른 채 얻어터지게 되겠지요.

베개싸움 천하장사(2.204)
- ■ 준비물 : 베개, 눈가리개, 밧줄(인원 수만큼)

　지원한 두 사람을 앞에 세우고 베개를 한 개씩 나누어 줍니다. 두 사람의 다리 한쪽을 밧줄로 묶고, 밧줄의 반대쪽 끝을 말뚝에 붙잡아 맵니다. 눈을 가리고 선전을 다짐하는 악수를 나눈 다음 제자리로 돌아갑니다. 이때 다른 사람이 말뚝에 묶인 밧줄을 경기자들이 모르게 슬쩍 짧게 묶습니다. 지도자가 시작을 알리면 영문도 모르는 두 사람은 앞으로 달려가 베개를 허공에 휘두르지만 너무 떨어져 있어서 서로 때릴 수가 없습니다. 이때 지도자는 두 사람 사이를 오가며 다른 베개로 맘껏 때려 보세요. 이 상황을 한 사람이 실황 중계하는 것도 재미있습니다.

인간 마네킹(2.205)

■ 준비물 : 없음

　손수건(또는 16절지 정도로 접은 신문지)을 바닥에 깔아 둡니다. 그리고 두 사람을 그 위에 세운 다음, 지도자나 다른 사람들은 두 사람이 손수건 위에서 재미있는 동작을 구성하도록 돌아가면서 한 가지씩 주문합니다. 먼저 주문한 내용의 동작을 하고 있는 상태에서 이어지는 다른 주문의 동작을 더해야하므로 몇 사람이 주문을 연속해서 하고나면 희한한 모양이 될 것입니다.

물 먹이기(2.206)

■ 준비물 : 물을 가득 담은 세숫대야(2개), 사과(4~6개 정도)

　물이 담겨 있는 비교적 큰 대야에 사과를 두세 개 집어 넣어 둡니다. 이 대야를 책상 위에 두 개 놓은 다음 두 사람을 책상 앞에 세웁니다. 두 사람의 눈을 가리고 누가 먼저 머리를 물속에 집어 넣어서 물에 떠 있는 사과를 입으로 물어 올리는지 시합해 보겠다고 말해 줍니다. 이들이 눈을 가리는 순간에 지도자는 물속에 들어 있는 사과들을 살짝 꺼내서 감춥니다. 시작이 되면 아무 것도 들어 있지 않은 물속에 머리를 처박고 사과를 찾아 헤매겠지요.

콜라병 따기(2.207)

■ 준비물 : 병 콜라와 병따개(3개 정도)

　각 모둠에서 한 사람씩 나옵니다. 이들에게 콜라병 마개를 따서 누가 제일 먼저 마시는지를 겨루는 놀이라고 알려 줍니다. 시작이 되면 사람들은 캔 콜라가 놓여 있는 테이블로 달려가서 콜라 뚜껑을 딸 것입니다. 여기에 비밀이 있는데 콜라병 중 하나는 미리 신나게 흔들어 놓아서 마개를 따는 순간 콜라 거품이 장난이 아니게 넘쳐 흐를 것입니다.

솜뭉치 옮기기(2.208)
■ 준비물 : 솜뭉치를 담은 밥그릇, 빈 그릇, 숟가락(2-3개씩)

책상 위에 솜뭉치가 담겨 있는 그릇과 빈 그릇, 그리고 숟가락을 1인당 1개씩 준비해 둡니다. 각 모둠에서 대표를 한 명씩 뽑고 눈가리개를 합니다. 솜뭉치가 들어 있는 그릇에서 솜뭉치를 숟가락으로 담아서 빈 그릇에 채우는 것인데 지도자는 이들이 눈치 채지 못하도록 솜뭉치를 살짝 치워 둡니다. 그릇 속에 손을 집어 넣을 수 없도록 하고 숟가락 끝을 잡도록 합니다. 시작이 되면 빈 그릇인 줄도 모르고 열심히 퍼 담는 모습이 너무 재미있습니다.

조심조심(2.209)
■ 준비물 : 눈가리개, 노끈

출발선과 반환점 사이에 두 사람이 무릎보다 약간 높이 노끈을 들고 있습니다. 선수들은 눈가리개를 하여 시작이 되면 조심조심 걸어가서 처음에는 노끈 밑으로 기어가고 돌아올 때에는 노끈을 건드리지 않고 넘어와야 합니다. 다른 사람들은 크게 소리를 질러서 줄의 위치를 가르쳐 줍니다. 노끈을 잡고 있는 사람은 선수들이 처음 지나갈 때는 노끈을 그대로 잡고 있지만, 다시 돌아올 때에는 선수들 몰래 줄을 치워 버리십시오. 사람들이 여러 가지 주문으로 속이면 있지도 않은 노끈을 건드리지 않으려고 애쓰는 모습을 보게 됩니다.

왕께 문안드립니다(2.210)
■ 준비물 : 반지

참가자들 중에서 한 사람이 왕이 되어 무대 중앙에 놓인 의자에 앉습니다. 왕관이나 망토를 준비하여 왕을 그럴싸하게 분장하십시오. 그런 다음 자원하는 한 사람을 불러내어 눈을 가리고 왕의 손가락에 끼어 있는 반지를 찾아 입을 맞추는 놀이이며, 손을 사용할 수 없다는 사실을 알려줍니다. 이때 왕은 손가락에 낀 반지를 살짝 빼내서 발가락에 끼웁니다. 눈을 가린 사람이 반지에 입맞춤을 한 다음 눈가리개를 벗어보도록 하십시오. 그 표정이 과연 어떨까요?

여왕 알현(2.211)
■ 준비물 : 등받이가 없는 의자 두 개, 담요

등받이가 없는 의자 두 개를 의자 한 개가 들어갈 만큼 띄워서 가지런히 놓아 둡니다. 그리고 그 두 의자 위에 담요를 덮어두면 겉으로 보기에는 마치 장의자처럼 위장해 둡니다. 참가자들이 들어오면 그들이 두 개의 의자에 앉아 있는 왕과 여왕을 만나는 영광을 누리게 될 것이라고 이야기해 줍니다. 의식이 진행되면 멋진 차림의 왕과 왕비가 나와서 가운데 부분을 비워 두고 두 사람은 의자에 앉습니다. 그런 다음 참가자 중 한 사람을 초청하여, 그 사람에게 왕과 왕비가 앉은 보좌에 그것도 이들 사이에 앉고 사진을 찍는 영광을 누리게 되었다고 알려 줍니다. 자리에서 일어나 왕과 왕비에게 나아가서 이들 사이에 앉는 순간 이들이 자리에서 일어서면 그는 동시에 담요가 꺼지면서 마루 바닥으로 와장창 넘어질 것입니다. 부상이 나지 않도록 바닥에 부드러운 깔개나 쿠션을 깔아 두는 것을 잊지 마십시오.

얼굴에 붙은 종이 떼기(2.212)
■ 준비물 : 종이쪽지와 물

두 사람 또는 여러 사람이 앞에 나와 섭니다. 각 사람의 얼굴에 물에 적신 종이를 이마, 양쪽 뺨, 턱 등에 붙이고 시작이 되면 각자 얼굴을 찡그리거나 입으로 바람을 불어서 얼굴에 붙어 있는 종이를 떨어뜨리도록 합니다.

달걀 삼키기(2.213)
■ 준비물 : 투명한 호스(직경 2cm, 길이 1m 정도), 생 달걀

놀이 중에 걸린 사람들 중에서 두 사람을 앞에 모십니다. 벌칙은 생 달걀을 삼키는 것인데 1미터 길이에 직경 2.5cm의 투명한 플라스틱 호스 안에 생 달걀 한 개를 깨서 넣어 둡니다. 두 사람은 양쪽 끝에 입을 대고 준비를 한 다음 시작 신호가 나면 서로 입김을 불어서 호스 속에 있는 달걀을 밀어 내도록 합니다. 달걀은 먼저 숨을 들이 쉬는 사람의 입속으로 쏘옥 들어가게 되어 있습니다. 이 놀이는 입김이 세다고 생각하여 자원한 두 사람을 초대하여 경연을 벌일 수도 있습니다.

우주여행(2.214)
■ 준비물 : 베니어판(가로, 세로 각 1미터, 두께 10mm 정도)

지도자는 참가자들에게 은하수로 여행을 떠날 사람을 찾는다고 알려 주고 한 사람을 초청합니다. 방에는 우주선으로 사용할 가로, 세로 각 1미터 정도의 베니어판(두께 10mm 정도)을 준비해 두고 4사람이 네 귀퉁이를 붙잡고 서 있습니다. 초청된 사람이 눈가리개를 한 상태에서 네 사람들이 들고 있는 베니어판에 올라 섭니다. 무릎 정도의 높이로 떠 있는 베니어판(우주선)에 눈가리개를 한 사람이 오르면 조심조심 베니어판을 올렸다, 내렸다, 전후좌우로 돌리다가 "자 은하수에 도착하였으니 우주선에서 뛰어 내리십시오. 그런데 아직까지 눈가리개를 떼어서는 안 됩니다. 우주선이 땅에서 높이 떨어져 있으므로 내릴 때 조심하셔야 합니다."라고 알려 줍니다. 그런데 실은 땅에서 10cm 정도 띄어져 있으므로 눈을 가린 사람이 베니어판 위에서 겁을 먹고 뛰어 내리겠지요.

참고문헌

대천덕(1985), 『산골짜기에서 온 편지 2』, 서울: 국민일보출판국
대한기독교서회(1972), 『그리스도교대사전』, 대한기독교서회
장주근(1974), 『한국의 세시풍속과 민속놀이』, 대한기독교서회
장주근(1984), 『한국의 세시풍속』, 형설출판사
전국재(1989). 『실내게임 200』, 서울: 평화출판사.
전국재(1989). 『야외게임 200』, 서울: 평화출판사.
전국재(1994). 『예수꾼의 놀이꺼리』, 서울: 홍성사.
전국재(1995). 『일반놀이 1. 놀이보따리 시리즈 1권』, 서울:윤컴.
전국재(1995). 『일반놀이 2. 놀이보따리 시리즈 2권』, 서울:윤컴
전국재(1995). 『나들이·캠핑놀이. 놀이보따리 시리즈 3권』, 서울:윤컴.
전국재(1996). 『교회절기놀이. 놀이보따리 시리즈 4권』, 서울:윤컴.
전국재(1997). 『관계형성놀이. 놀이보따리 시리즈 5권』, 서울:윤컴.
전국재(1997). 『학교놀이. 놀이보따리 시리즈 6권』, 서울: 윤컴.
전국재(1997). 『가족놀이. 놀이보따리 시리즈 7권』, 서울: 윤컴.
전국재(1997). 『협동·모험놀이. 놀이보따리 시리즈 8권』, 서울:윤컴.
전국재(1997). 『골목·민속놀이. 놀이보따리 시리즈 9권』, 서울:윤컴.
전국재(1995). 『환경·자연놀이. 놀이보따리 시리즈 10권』, 서울:윤컴.
전국재(1998). 『야외집단활동지도론』, 서울: 예영커뮤니케이션.
전국재(2001). 『놀이와 공동체』, 서울: 예영커뮤니케이션.
전국재(2003). 『놀이로 여는 즐거운 교육·상담(1, 2, 3권)』,서울:문음사.
전국재(2005). 『놀이로 여는 집단상담기법』, 서울:시그마프레스,
Anderson, K., Carlson, M.(1951). *Games for All Occasions*, Grand Rapids: Zondervan Publishing House.
Anderson, D.(1954). *Encyclopedia of Games*, Grand Rapids: Zondervan Publishing House, 1954.
Butler, S.(1986). *Noncompetitive Games*, Minneapolis:

Bethany House Publishers.

Cammies, F.A.(1979). *Playing with Grownups*, Milwaukee:
Northwestern Publishing House.

Donnelly, R.J., Helms, W.G. and Mitchell, E. D.(1958) *Active Games and Contests*, 2nd ed., New York : The Ronald Press Company.

Duran, C.A.(1955). *The Program Encyclopedia*, New York: Association Press.

Fluegelman, A.(ed.)(1981). *The New Games Book*, New York:
Double Day and Company, Inc.

Fluegelman, A.(ed.)(1981). *More New Games*, New York:
Double Day and Company, Inc.

Group Publishing,(ed.)(1988). *Quick Crowdbreakers and Games for Youth Groups*, Colorado: Group Books.

Group Publishing,(ed.)(1991). *Have a Blast Games*, Loveland: Group Books.

Harbin, E.O.(1984). The New Fun Encyclopedia, Vol.I-V, Nashville:
ABINGDON PRESS.

Hohenstein, Mary.(1980) *Games for People of All Ages*, Minneapolis:
Bethany Fellowship,Inc.

Huizinga, J.(1993). 호모루덴스. 김윤수 옮김. 서울:까치.

Jacobsen, M.(1952). *Good Times for God's People*, Grand Rapids:
Zondervan Publishing House.

Johnston, R.K.(1983). The Christian at Play. MI:
William B. Eerdmans Publishing Company.

Leonard, S, & D.(1976). *Games to Grow on for Home and Church*, Wheaton:
Victor Books.

Meyer, J,S.(1944) *The Home Book of Party Games*, Philadelphia:
The Blakiston Company.

Mulac, M.E.(1971). *Educational Games for Fun*, New York:
Harper & Row, Publishers.

Musselman, V.W.(1968) *Making Family Get Together Click*, Harrisburg: Stackpaul Books.

National Recreation Association(1950). *Recreation Activities for Adults*, New York: Association Press.

Orlick, T.(1978). *The Cooperative Sports & Games Book*, New York: Pantheon Books.

Pearse, J.(1983). *Singing Fun …… and Games*, Huntsville: A Camp Tawingh Publication.

Rice, W., Yaconelli, M.(1986). *Play it*, Grand Rapids: Zondervan Publishing House.

Rice, W., Yaconelli, M.(1993). *Play it again*, Grand Rapids: Zondervan Publishing House.

Rice, W., Yaconelli, M.(1989). *Holiday Ideas for Youth Groups*, Grand Rapids: Zondervan Publishing House.

Rice, W., Yaconelli, M.(1984). *Small Youth Groups*, Grand Rapids: Zondervan Publishing House.

Rice, W., Yaconelli, M.(1979). Yaconelli, Mike. *Super Ideas for Youth Groups*, Grand Rapids: Zondervan Publishing House.

Rice, W., Yaconelli, M.(1977) *Fun Games*, Grand Rapids: Zondervan Publishing House.

Stuart, S.E.(1981). *The All-Occasions Game Book*, Cincinnati: Standard Publishing.

Torbert, M.(1981). *Follow Me*, Englewood Cliffs,NJ: Prentice-Hall, Inc.

Tournier, P.(1994). 모험으로 사는 인생. 정동섭 · 박영민 옮김. 서울: IVP.

Wacherbarth, M., Graham L.S(1959). *Games for All Ages & How to Use Them*, Grand Rapids,MI: Baker Book House.